講談社選書メチエ
629

丸山眞男の敗北

伊東祐吏

MÉTIER

はじめに

空気のような「戦後」

この本で考えたいのは、ひとことで言うと、戦後日本のことである。

戦後や民主主義というのは、いまの私たちにとって、まるで空気のようなものだ。私たちが生きる世の中の前提である一方で、普段はまったくその存在を感じないもの。したがって、節目の際にはジャーナリズムや出版界が「戦後何十年」と騒ぎたて、ことあるごとにデモやキャンペーンで〝民主主義〟が声高に叫ばれるものの、世間の多くの人々は無関心で興味がない。

だからといって、私はここで、われわれは戦後日本が抱える問題にもっと関心を持つべきだとか、もっと真剣に考えようなどと言いたいのではない。

むしろ逆で、私たちは「戦後」という問題について真剣になればなるほど、的をはずしてしまうということを、この本の最後では述べるつもりである。

これまでに、日本人が「戦後は終わった」と実感したタイミングは、少なからずあった。しかし、いまだに「戦後何十年」と言われることが、なによりも「戦後」が終わっていないことを証明している。また、「戦後」のイメージやそこで問題となることも、それぞれの時代で異なっていた。

戦後十年を迎えたとき、経済白書は「もはや戦後ではない」としたが（一九五六年）、そこで言われる「戦後」は、戦争で破壊された生活や経済の復興期を意味していた。そして、戦後二十年になると、東京オリンピック（一九六四年）や高度経済成長のなかで、人々の戦争の記憶は一気に風化する。だが、最大のターニングポイントは、戦後五十年であろう。

戦後五十年は一九九五年にあたるが、その前後には一時代の終焉を感じさせる出来事が相次いだ。まず、一九八九年には天皇裕仁の崩御によって「昭和」が終わり、海外ではベルリンの壁の崩壊によって東西の冷戦が終わりを告げる（ソ連の崩壊は一九九一年）。また、一九九〇年代初頭の「バブル崩壊」は戦後の繁栄の終わりを印象づけ、一九九三年の細川政権の誕生（自民党の野党への転落）は、五五年体制の終わりを意味していた。そして、一九九五年の阪神・淡路大震災や地下鉄サリン事件は、社会の安定が失われた転換期の象徴となる。このときに終わったと思われた「戦後」は、冷戦のなかで高度経済成長を果たした日本とほぼイコールだったと言えよう。[1]

さらに、戦後五十年の日本が直面したのは、戦争の同時代人たちの世代交代であった。特に、戦争を体験した若い世代は、なぜ国を滅ぼすような戦争をしたのかを必死に考え、戦後日本のあるべき姿を模索したが、その代表的な人物たちが次々と退場していく。たとえば、作家の司馬遼太郎（一九二三—九六年）や政治学者の丸山眞男（一九一四—九六年）は、戦後五十年を迎えた翌年にこの世を去った。司馬遼太郎は自らの小説を、終戦を迎えた頃の若い自分に向けて書き送った手紙だと述べたが、おそらく丸山眞男についても同じことが言えるだろう。彼らは自分が兵士として戦わねばならなかったことの意味を解明し、戦前の日本を否定するために、書き続けたのである。

それからさらに二十年以上が経ち、現在は、戦争体験や記憶が消滅する瀬戸際まで来ている。それは、戦争を生き抜いた同時代人の重みが失われるなかで、私たちがひきつづき戦後の体制の中に生きながら、より軽やかで客観的に自分たちの現状を再検討することができるような、「戦後」の新たな局面である。いまの私たちに求められているのは、七十年の歩みを無視して自由奔放に考えることでもなく、また、先人の考えを金科玉条のごとく死守することでもなく、その足跡をきちんと自分の足でたどり直しながら考えることだろう。

そこで本書では、丸山眞男をとりあげる。

彼の歩んだ道のりをたどり直すことで、いったいどのような「戦後」の新たな姿が見えてくるのだろうか。

丸山眞男を通して日本を知る

丸山眞男は、戦後日本を代表する思想家のひとりである。

戦前の日本をいかにとらえて清算し、戦後という時代をどう生きるか。――その課題に果敢に挑んだ彼の生き様と思想を、戦後を生きる日本人の象徴的なものとして、私たち自身に重ね合わせることもできるだろう。

すなわち、丸山眞男を知ることは、戦後日本を知ることであり、ひいては、自分自身を知ることである。

彼は、アメリカや中国との戦争を招いた戦前の政治体制やイデオロギーを支持していたわけではなく、むしろそこで弾圧された自由主義的な思想の持ち主であったが、その一方で天皇に親しみを持ち、天皇制を肯定して生きていた。しかし、戦争に負けたことで、いままでの自分の思想の甘さを思い知らされ、徹底的にそれを改変することを通じて、戦後民主主義をつくりあげていく。

だが、私が丸山の思想を分析して、もっとも重要だと思うのは、そこではない。

たしかに彼は、戦争に負けて、過去を反省し、戦前の日本の姿をとらえ直して、民主主義を先導した。それが戦後日本の原点の姿ではあるが、むしろ私が思うのは、こういうことだ。

丸山眞男は、「戦争に負けた」のではなく、「戦後に負けた」のではないか？

つまり、彼は敗戦を機に、過去を乗り越える思想を生み出したが、結果的には、戦後という時代に立ち向かうことができず、思想的に敗北したのではないか、ということである。

そこで本書では、丸山の人生をたどり、彼の思想を追いながら、「丸山眞男の敗北」について明らかにしていきたい。

その際に注目するのが、丸山眞男の「哲学」である。

「哲学」とは、丸山自身の言葉で、考え方や行動についての流儀や原則を意味している。

丸山の「哲学」は、のちに述べるように、決してむずかしいものではなく、彼の周囲の人間や現在の丸山研究者たちにもよく知られたものである。しかし、その「哲学」が、丸山が生きた動乱の時代のそれぞれの状況においていかに働き、また、彼の生涯を通してどのような役割を果たし、思想家・丸山眞男をどのようにコントロールしていたかについて、明確に説明しきれているものは、管見のかぎりでは存在しないように思われる。

そこで本書では、丸山の思想と行動を彼の「哲学」をもとに捉えることを目指し、そのなかで、国民的な挫折の経験であった敗戦をはじめ、戦後の政治情勢と丸山の思想の変遷を同時進行で検討しながら、戦後における「丸山眞男の敗北」について明らかにしていきたい。

そして、丸山のすべての著作を通覧したうえで、彼の「哲学」の要諦をつかむとともにその限界を見極め、最後に、「丸山眞男の敗北」が現在に与える意味について考える。それが本書の最終的な目的である。

戦後七十年を迎え、憲法改正や日米安保のあり方に注目が集まり、戦後や民主主義についての議論が高まるなか、丸山の歩みと「敗北」を知ることは、戦後日本の起源や歴史を知り、われわれの現在の立ち位置を理解することになるだけでなく、私たちがこれから現在進行形の「戦後」を生きていくうえでの布石となるであろう。

目次

凡例

・丸山眞男のテキストについては、以下の略号を用いて本文中で箇所を示した。なお、○付きの数字はそれぞれの巻数を示す。

集：『丸山眞男集』全十六巻＋別巻、岩波書店、一九九五―九七年、『丸山眞男集別集』第一―三巻、岩波書店、二〇一四―一五年。
座：『丸山眞男座談』全九巻、岩波書店、一九九八年。
書：『丸山眞男書簡集』全五巻、みすず書房、二〇〇三―〇四年。
講：『丸山眞男講義録』全七冊、東京大学出版会、一九九八―二〇〇〇年。
『自己内対話』：『自己内対話――3冊のノートから』みすず書房、一九九八年。
『自由について』：『自由について――七つの問答』編集グループ〈SURE〉、二〇〇五年。

・引用文中の〔　〕は筆者による補足・注記である。

第一章　丸山眞男の「哲学」

丸山眞男の人物像

丸山眞男とは、どんな人物だったのだろうか？

戦前の有名なジャーナリスト（丸山幹治《かんじ》）の息子として生まれ、一高から東大法学部という典型的なエリートコースを歩み、大学教授となった人物。極度の議論好き。趣味はクラシックやオペラの音楽鑑賞で、楽譜を見ながら鑑賞するほどの熱心なマニア。戦争末期には、兵士として召集されるも、栄養失調で脚気《かっけ》になったために復員し、命拾いをした経験をもつ。また、その後、広島で原爆投下に遭遇するも、そのことを長く公表せずにいた。戦後は、若き政治学者として、民主主義の根づきに尽力し、一九六〇年の安保闘争では、表舞台に立って反対演説をしている。しかし、十年後の大学紛争のときには、学生たちに吊るしあげられる立場になった。その際の肝炎の発病をきっかけに、定年前に大学を辞め、その後は療養しつつ研究活動をおこなったが、晩年には次男が自殺する憂き目にもあっている。そして、最後は彼の人生を象徴するかのように、八月十五日に亡くなった。

だが、私が知りたいのは、そういったひとつひとつの情報だけではない。丸山眞男という人物のもっと本質的な部分である。

丸山は、ある人物を理解しようとする際に、常に、「内からの理解」を試みた。たとえば、孫文（一八六六―一九二五年）については、次のように述べている。

孫文主義の内からの理解とは何か。私はそれはなにより孫文自身の問題意識を把握することだと思う。孫文は何を語ったか若くは何と書いたかではなくして、彼が一生を通じて何を問題とし続けたかということである。彼が現実を如何に観たかということよりむしろ、彼は如何なる問題で以て現実に立ち向ったかという事である。（「高橋勇治『孫文』」、集②二七一頁。傍点は丸山）

また、イギリスの政治学者であるハロルド・ラスキ（一八九三―一九五〇年）についても、「内からの理解」を試み、次のように述べている。

不変性は思想家の名誉ではないし、転向は必ずしも彼の不名誉ではない。問題はまさにその立場の転回なり変化なりがいかなる内的必然性をもって行われたかということにあるのである。その意味では、一個の思想家の生涯には、必らず彼の変化を規定しているある不変なものが見出される筈だ。（「ラスキのロシア革命観とその推移」、集④四六頁。傍点は丸山）

つまり、丸山にとっては、ある人物の「変わる部分」と「変わらない部分」に配慮しながら、「変化を規定している不変なもの」を理解することが、その人の思想について「内からの理解」を果たすことだったと言えよう。そして丸山は、「内からの理解」によって見出された、その人物の考え方やあり方の根本原則を「哲学」と呼んだ。

では、丸山自身の「哲学」とは、いかなるものか？

丸山眞男と福沢諭吉

丸山眞男の「哲学」は、すでに孫文やラスキについての言説に、その一端を垣間見ることができる。なぜなら、ある人物について何を問題と考え、どう評価するかには、自らの基準や指標が如実に反映されるからである。そのため、多くの人物評は、誰かについて語っているようで、結局は自分を語ることになるのだが、丸山とて例外ではない。

つまり、以上のことからだけでも、丸山が、根本原則とも言うべき「不変なもの」を持ち、それに基づきつつも、状況に応じて「変化」をしながら、現実に立ち向かうことを問題としていることが分かるだろう。

そして特に、丸山の「哲学」がはっきりと映り込んでいるのは、彼にとって特別に重要な思想家であり、「内からの理解」にもっとも力を注いだ、福沢諭吉（一八三四―一九〇一年）についての研究である。言い換えれば、丸山の福沢論は、丸山が自身の「哲学」についてもっとも詳細に述べたものとなる。それゆえ、丸山が示す「福沢の哲学」と、丸山本人の「哲学」の類似を、彼の周辺にいる人々が気づかないわけがなかった。

丸山と戦前から生涯にわたって親交をもち、同じ日本思想史を専門とした家永三郎（一九一三―二〇〇二年）は、次のように述べている。

君が福沢について述べていることは、福沢よりもむしろ君自身のほうによくあてはまるように思われる。(私は、福沢を君が考えるほどには評価できない。だから、君の福沢論をむしろ君自身の思想宣言として読みたいのだ)。(家永 一九六四、四頁)

また、丸山を囲む勉強会に参加していた朝日新聞記者の石川真澄(一九三三―二〇〇四年)は、あるとき次のような感想をもったという。

先生〔丸山〕の講義「福沢諭吉の人と思想」には、福沢の直弟子であり慶応の塾長や文相などを歴任した鎌田栄吉という人が「福沢コンパス説」というのを唱えたことが紹介されています。〔…〕私はこれを読んだとき、あ、これは丸山先生ご自身のことでもあるな、と思いました。(石川 一九九六、四―五頁)

「福沢コンパス説」とは、後述するように、福沢の論じるテーマが多岐にわたり、ものの考え方が柔軟でありながらも中心がブレない様子を言いあらわした表現である。そして石川は、丸山にもそれを適用して「丸山コンパス説」を掲げた。

ほかにも、ジャーナリストの筑紫哲也(一九三五―二〇〇八年)が『福沢惚れ』の先生ご自身が福沢諭吉と似た部分をずいぶんとお持ちだという気が私にはする」(筑紫 一九九六、八頁)と述べるなど、丸山と福沢(もしくは丸山の述べる福沢像)の共通性が指摘されることは多い。そのため、丸山の福沢論は「丸山諭吉」(飯田 一九九七、三二三頁)であると言われ、裏を返せば、丸山の福沢論は「丸山諭吉」であるから誤りだということにもなる（安川 二〇〇三、七頁）。

では、丸山は福沢論において、実際に福沢の「哲学」をいかなるものとして示しているのか。次に、丸山の福沢論について見ていこう。[1]

福沢諭吉の哲学

丸山は福沢について戦前からたびたび論じているが、特に、一九四七（昭和二十二）年に執筆した論文「福沢諭吉の哲学――とくにその時事批判との関連」は、丸山の福沢論を代表するものである。[2]

丸山はこの論考を、福沢の『文明論之概略』（一八七五年）の冒頭の引用からはじめる。一般的に、『学問のすゝめ』（一八七二―七六年）の冒頭で述べられる「天は人の上に人を造らず人の下に人を造らず」が福沢イズムの合言葉となっているが、丸山によれば『文明論之概略』の冒頭にこそ、福沢の全著作に共通する思惟方法が凝縮してあらわれているという。

『文明論之概略』の書出しは、次のようなものである。

> 軽重、長短、善悪、是非等の字は、相対《あいたい》したる考より生じたるものなり。軽あらざれば重あるべからず、善あらざれば悪あるべからず。故に軽とは重よりも軽し、善とは悪よりも善しということにて、此《これ》と彼《かれ》と相対せざれば軽重善悪を論ずべからず。かくの如く相対して重と定《さだま》り善と定りたるものを議論の本位と名《なづ》く。（福沢 一八七五→一九九五、一五頁）

つまりこれは、価値判断の相対性の主張である。価値は他のものとの関連において決定される、というのだ。

福沢の言説はすべて、時と場合を限定したうえでの処方箋として書かれており、具体的な状況から切り離しては理解できない、と丸山は言う。例えば、福沢の西洋文明への評価も、日本の国家的独立の主張も、絶対的なものではなく条件的なものなのである。

ただし、この「相対の哲学」は決してご都合主義ではない。いかに問題を解決するかに価値を置く考え方は、実験主義的で、プラグマティズム（実用主義）に近い。つまりそれは、人間の主体性を尊重したもので、価値を絶対化せずに相対化することは、強靱な主体的精神を前提としてはじめて可能となるのだ。反対に、公式主義（原理原則どおりのやり方）や機会主義（無原則の日和見）は、それに相反するようでいて、実はいずれも受動的な順応である点で共通している。福沢は、そのような精神態度を「惑溺《わくでき》」と呼んで退ける。

しかも福沢は、「惑溺」を個人的な素質や国民性の問題ではなく、時代や社会の問題だと考えていた。すなわち、それは宿命的な問題ではなく、社会が流動して人間の交渉が多様になれば、おのずから視野が多元化し、試行錯誤をする知性が要求されてくる。そして福沢は、こうした多元化のなかでの困難や闘争関係そのものに、自由や進歩を見出した。「自由は不自由の際に生ず」、「軋轢《あつれき》練磨《れんま》の際に些少の進歩を見る」などの言葉は、その考えを象徴するものである。したがって丸山は、価値の多元化が進歩や自由を生むという確信こそが、福沢の「相対の哲学」の根底にある価値意識だと述べるのである。

この「哲学」を貫いた福沢は、人民を多元的な価値の前に立たせて自主的に歩ませることを、終生の任務とした。それはいわば、日本社会の偏《かたよ》りや凝《こ》りを修正してほぐす整体師やマッサージ師の役割である。福沢は、自身の人生を価値の相対化に捧げたと言えよう。

さらに、福沢の「相対の哲学」は究極的には自身の人生さえも相対化した、と丸山は指摘する。福沢の人生哲学は、「宇宙から見れば人間など蛆虫《ウジムシ》、人生も戯れ。しかし、戯れを戯れとせず真面目に勤めることこそ、蛆虫の本分なれ」というものであった。つまり、福沢は人間の存在が矮小であるという現実から目を背けることなく、逆にその無力感を主体性へと大きく転回させ、限界まで徹底させたと言える。

以上が、丸山による「福沢諭吉の哲学」の内容である。

二つの変奏

さらに丸山は、福沢の「哲学」について論じることを、定期的にくり返した。「福沢諭吉の哲学」を含め、それぞれ異なるアプローチで、彼は合計三つの福沢の「哲学」論を残している。

なぜ丸山が十年ほどの間隔をおいて、二つの変奏をおこなったのか。そのことに自覚的だったのかどうか。いずれも本人の説明はない。しかし、彼の論文のなかでこのような例は他になく、丸山はそれぞれの局面で福沢の「哲学」を確認しつつ、自分自身の「哲学」をとらえ直していたのだろう。

まず、ひとつめの変奏は、「福沢諭吉について」(一九五八年)である。

丸山はここで、福沢諭吉を「生産的なあまのじゃく」と呼ぶ。福沢の目には、日本人が一方向にワアーッと突進し、障害にぶつかると今度は別方向に突進する姿が見えていた。そこで、幕末の勇ましい攘夷論の只中では「江戸中のじいさんばあさんまで開国論に口説き落とす」と宣言し、明治維新によって攘夷派の連中が一転して政府に仕官すると、自らは政府の招聘に応じずに在野の立場を貫き、明治国家が安定してくると「徳川時代のほうが自由だったんじゃないか」というような物言いをする。常に世間的な観念の逆手をとって、その反対の面を強調するのが福沢のスタイルなのである。

また、丸山はこうした福沢の姿勢を「両眼主義」(複眼主義)と名づけ、逆に、ものごとの一面しか見ない態度を「僻眼《へきがん》主義」と呼んだ。特に、丸山が福沢の「両眼主義」の神髄と見たのは、合理性と非合理性の扱いのうまさである。福沢は合理主義者でありながら、同時に、非合理的なものの強さを十分に認識していた。そして、時代状況にあわせて、合理件の適用の限界と、非合理性のあるべき比重を見極めた。例えば、福沢にとって「文明」は合理性そのものだが、場合によっては、西洋文明を日本の独立を達成するための手段として利用し、非合理的なナショナリズムを肯定したのである。

そして、もうひとつの変奏は、「福沢諭吉の人と思想」(一九七一年)である。

丸山はこの文章を、先に触れた鎌田栄吉(一八五七—一九三四年)の「福沢コンパス説」の修正から始める。鎌田は、福沢が多彩な問題を論じつつも、一方の脚は独立自尊や学問に立脚している様《さま》をコンパスに見立てた(鎌田 一九三一、一四頁)。しかし丸山は、課題に応じて支点は動きまわるのであり、動きながら常に「惑溺」(世の中の偏りやナルシシズム)を解消することが重要で、それこそがコンパスの支点を真ん中に置くことだと考えた。

そのため、かつて小泉信三(一八八八—一九六六年)が「曲った弓を矯正する」という比喩であらわしたように、福沢はときに戦略として逆方向に〝わざと行き過ぎる〟（小泉 一九四八→一九六八、二七頁）。つまり、福沢の流儀では、言動に多かれ少なかれ「演技」が伴うのであり、社会という「舞台」での自分の「役割」が意識される。この「役割意識」は、福沢の思想を理解するうえでの鍵で、「舞台」があってこそ「役割」が決定するため、時と場所の状況認識が最重要であり、そこでの役割や価値判断は常に状況的で相対的となる。しかも、役割や演技であるからこそ、軽やかで活発な決断が可能で、このことをつきつめれば、「人生は戯れである」という福沢の人生哲学へと行きつくという。

以上の二つの変奏は、福沢論の深まりであると同時に、丸山自身が人生において体得した「相対の哲学」を言語化する歩みだったと言えるだろう[3]。

「丸山の哲学」の構造

では、丸山眞男の「哲学」とは、いかなる構造をしているのか。三つの福沢論で明らかになった「相対の哲学」をもとに分析してみよう。

丸山の「相対の哲学」は、二つの考えが組み合わさってできている。

ひとつは世界観。もうひとつは行動規範。

前者の世界観とは、「異質なものの多元的な衝突が、社会の進歩や自由を生む」というものである。丸山はある一定の主義や教義（たとえばマルクス主義やキリスト教など）に立つことは決してなかったが、様々な主義や思想がぶつかりあうこと自体の必要性や効果を疑うことはなかった。

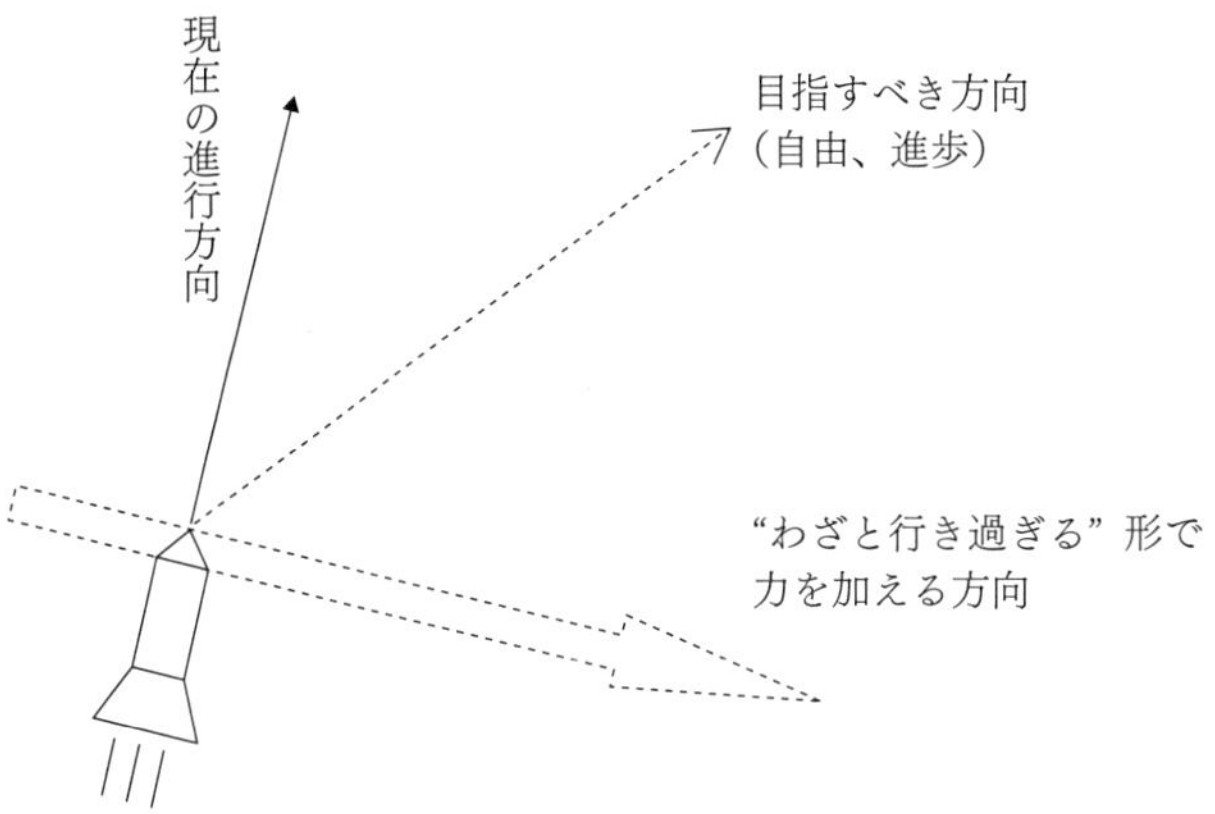

図1

そのため、そこでとるべき行動規範は、「人々の考えが一方向に傾くことに逆らって行動する」となる。世間や個人の「惑溺」（偏りやナルシシズム）が人々の心から柔軟性を奪うのであり、丸山は自身の言動によって、その〝傾き〟や〝凝り〟を直そうとする。

この「相対の哲学」は、前述のようにコンパスに例えられるのだが、丸山自身がコンパスの例えは不十分であるとしながら、そのまま議論をすすめていくのだから具合が悪い。本書では十分な分析をしたのちに、コンパスに代わる新たな例えを提示するつもりだが、ここでは仮にロケットの比喩によって、「相対の哲学」のイメージを示しておきたい（図1）。

われわれは、ロケットに乗って一定方向に進んでいるとしよう。行く手に障害がなければ、伝統的な思考やナルシシズムの方向に惰性のまま進んでいくだけである。しかし、他者の異なる考えと様々に衝突することで、進行方向は改められ、「惑溺」から回避するかたちで前進することができる。ナショナリズムのような非合理的な力も、ひとつの推進力ではあるが、それとは別に、異質の他者との出会いや競争は、自由や進歩へと前進するエネルギーを生むのである。

そして、惰性や風潮によって一定方向に進んでいる場合は、軌道を修正するために、〝わざと行き過ぎる〟かたちで力を加えねばならない。つまり、軌道修正は本来の自分や社会が進みがちな方向に対して必ず抵触し、しかも、行き過ぎるかたちでしかおこなわれえない。「相対の哲学」が常にアマノジャクであり、なおかつ、原則のあるアマノジャクであるのはこのためである。

さらに、目的方向へと一直線に直進できるわけではなく、さまざまな困難や障害や惑溺に囚われるごとに、目的地を目指し直さねばならない。「相対の哲学」は、原理原則に立脚するのではなく、そこから逃れることが目的であるため、達成や完遂はありえない。そのため、目的地への到達ではなく、それぞれの瞬間に目的方向を目指すことに、価値が置かれるのである。

丸山はあるとき、中国文学者の竹内好《よしみ》（一九一〇―七七年）の書評をおこない、竹内も自分と同様に日本人の従来の行動様式を崩そうと試みているとして、次のように述べた。「本書から積極的な処方箋を期待されることは著者として最も迷惑なことであろう。否定的な形でしか結論が出て来ないことは本書の問題意識自体に内包される必然的な制約なのである」（集⑤二五一頁。傍点は丸山）。

これと同様に、丸山の論考が常に傾向や風潮に逆らって否定的なかたちでしか提出されず、積極的な処方箋としてはありえないことは、「丸山の哲学」自体に内包された必然的な制約だと言えよう。「自由は不自由の際に生ず」とは、裏を返せば、「自由は不自由の際にしか生じない」ということなのである。

　したがって、丸山の「相対の哲学」が目指しているのは、単なる「惑溺の解消」だけでなく、社会および自己の「永遠の新陳代謝」である、と私は理解しておきたい。相対化による破壊と、それによる再生と前進をくり返す様は、まさにそう呼ぶにふさわしい。新陳代謝の対象には、社会や自己に関係する理念、秩序、制度、規範、体系、学説、思想など、人間の頭脳がつくりだすすべてのものがあてはまる。「丸山の哲学」は、これらを常に相対化によって破壊しながら価値や精度を高め、あるべき姿へと永遠に変革していくことを目指すのである。

「丸山の哲学」に対する批判

　では、「丸山の哲学」には、どのような弱点があるのだろうか？
　丸山の「相対の哲学」に対するもっとも真摯で的を射た批判は、マルクス主義者の梅本克己（一九一二―七四年）から寄せられた。梅本の論文「マルクス主義と近代政治学」（一九六二年）は、戦後の社会科学で大きな成果をあげた丸山の近代政治学に対して、マルクス主義が対決と協同の場を見出そうとした論考である。[4]
　梅本の理解によれば、丸山はマルクス主義のドグマを否定するのではなく、とりあえずそれをカッコに入れ、経済の分析が圧倒的であった研究動向のなかで、精神構造を分析するアプローチをとり、マルクス主義が十分に説明できていない多くの問題に答えてきた。しかし梅本は、丸山の「カッコづけ」の基準が明確でないことを批判する。なぜなら、丸山のスタンスを基礎づける論理が不明である限り、マルクス主義と近代政治学の「共通の基盤」を見出して、対決したり協同したりすることは不可能だからである。

さらに、梅本の論は丸山の論文「福沢諭吉の哲学」（一九四七年）へと及ぶ。そして、丸山が福沢に見出した「相対の哲学」が、実は丸山自身の思惟方法であるとして、ドグマを否定するのでもなく、新たな基準を設定するのでもない「カッコづけ」にこそ、丸山の思惟方法の本質があるとの結論に達する。つまり、梅本はすべてを見抜いていたのである。

しかも梅本は、丸山の「相対の哲学」が言外に何か絶対的な論理を持っていることも見逃さなかった。たしかに、絶対的なものを決して許さない「相対の哲学」には、ある種の透明な絶対性がある。それは、なにもかも絶対に突き通す矛《ほこ》に対して、それを絶対に許さない盾《たて》のようなものだ。そして丸山は、以上の梅本の批判を読んで、これまでに寄せられた批判のなかで最も卓抜なものとして受けとめるのである（集⑬一四四頁、座⑧一八二頁）。

このような二人のやりとりからは、「絶対」の立場に立つ梅本と、「相対」の立場に立つ丸山という単純な対立構造ではなく、一種の共感関係が見えてくるだろう。丸山は梅本について、「自分は未だ本当のマルクス主義者ではない」と絶えず自分を責める親鸞のような絶えざる自己批判があったと述べているが（座⑧一九〇頁）、両者はいずれも「絶対」と「相対」が相剋するような哲学を持っていたのである。

しかし、それでもなお、「絶対」の部分が明確でないという梅本の批判は、確実に「丸山の哲学」のひとつの限界をさぐりあてている。丸山が従う原則自体はいっさい語られず、「そうではない」という否定の形でしか示されないため、いわば「丸山の哲学」のネガの断片ばかりが残されていく。ネガの断片を総合すれば、丸山の思想と行動の原理が透けて見えるが、その中心は永遠に空白なのである。

要するに、丸山がその生涯で残した言動は、「相対」の積み重ねであり、確固とした論理や体系を築く作業とは明らかに異なる。その点で、丸山のすべての著作が論文集であり（つまりは「相対」の積み重ねであり）、生涯においてただひとつの著書も執筆しなかったという〝偉大なる不完全〟は、「相対の哲学」にふさわしい結果と言えよう。

「相対の哲学」に基づいた丸山の言動は、必ず、時代状況や世間の反応とのかねあいで理解しなければならない。つまり、丸山の提出する論考はすべて「期間限定」なのである。ただし、それは年月に耐えないという意味ではない。なぜなら、丸山の論考は「内容」のみならず「提出の仕方」に重きを置いているため、たとえ後進の研究者がより精密な分析に基づいてその妥当性や重要性を否定しようとも、丸山の論考の意義が完全に失われてしまうことはないからである。

梅本のスタンスでは、この点を十分にすくいとることができない。つまり、丸山の論考の提出の仕方にこめられた意味や、その「相対の哲学」の手法が永遠に色褪《あ》せることはなく、この点ではむしろ丸山の思想は無期限に生き続ける。各場面において「期間限定」の考えを提出していくという戦略の「永遠」性。このことに、丸山の「相対の哲学」の限界と可能性が同時に含まれていると私は考える。

少年時代の葛藤

以上、本章では、丸山の福沢論を利用して、丸山自身の「哲学」を読みとってきた。しかしそれは、丸山の「哲学」を純粋なかたちで蒸留したようなもので、丸山の言論活動の軌跡から導き出したものではない。丸山の「哲学」が実際にいかなるもので、彼の人生において具体的にどのような働きをしたかについては、次章から詳しく検証していく。そして、丸山の「哲学」の実際の姿をとらえ、さらにはその限界や敗北について明らかにすることが本書の目的である。

だが、次章に進む前に、ここでは丸山が言論活動を始める前段階において、どのようにして自身の「哲学」を形成したかについて触れておこう。

丸山は生来、「抽象的概念に深く心をつき動かされる性質」（座②二〇七頁）であった。この気質が、丸山の「相対の哲学」の素地となる。一見すると、「自由」や「平等」などの抽象的なものへの憧れは、原理原則を掲げる「絶対」性へとつながりそうだが、丸山の場合は、抽象的な概念の実現を目指すときの、自分の惰性や社会の動向との衝突を何よりも重んじた。それは、単なる言葉ではなく、実体が伴った行為を求めたからだろう。しかし、そうすると、自分のだらしなさや、社会の圧力などと正面から向き合うことになり、相応の勇気や精神力が必要とされる。丸山はその強さを、少年時代の苦い経験から培《つちか》っていった。

丸山は後年、自分の弱さや臆病さに直面して成長した出来事として、中学時代と高校時代の二つの事件を挙げている（集⑪三七七―三七九頁）。

前者は、学校の軍事教練の際に宿舎でいたずら騒ぎを起こし、先生から「首謀者は前に出ろ」と言われたが、怖くて名乗り出ることができず、他の生徒が大目玉をくったという出来事である。よくある学生時代のひとコマだが、それから五十年以上経っても、丸山は「彼等の目に私はずるがしこい卑怯者と映ったことでしょう」と述べ、中学時代の自分にむかつくほどの嫌悪感をもよおすため、同窓会に出たくないと告白している。

後者は、高校三年になる春休みに、唯物論研究会（非合法であった共産党が関係する団体）の集会に出席し、特高（特別高等警察）に逮捕された事件である。留置場に勾留された丸山は、強烈な不安に駆られて涙を流し、それを同じ房につかまっていた〝本物〟の思想犯の学友に見られてしまう。このときの恥ずかしさやだらしなさの意識は、長く尾をひいて丸山の心に沈殿したという。

さらに、ここではもうひとつ別の出来事を挙げておきたい。それは、丸山が高校二年のときに体験した、学生寮の委員会での出来事である。発端は、ボート部が大騒ぎをして、止めにきた学生寮の委員長を、部員のひとりが殴ってしまったことであった。後日の寮委員会で、このボート部員は〝極刑〟である退寮処分にすべきとの主張が展開されるなか、委員の丸山は「やりすぎじゃないか」と思ったが、その場の空気に押されて何も言い出せずにいた。ただ一人、同学年の委員が涙を流しながら反対を訴えたが、逆に猛反撃を受け、処分が決定する。丸山はこのとき、「俺はなんてだらしのない人間なんだ、いざというときノーと言えない人間だ」と痛切に感じ、反対を言い出せなかったことが深い心の傷になった、と語っている（座⑦五七―五九頁）。

これらの体験のなかで、丸山は正しい考えを持つだけでなく、実際に行動に移して衝突することを重要視するようになり、そのための覚悟を育てていったのだろう。丸山の生涯の友であった松本武四郎（一九一三―二〇〇八年）は、高校時代の丸山に変化があったことを指摘している。それによると、当時の松本が一種の「完全主義」に基づいて中間段階のものを否定したのに対し、丸山は「諸々の追求過程の中に不可避的に出現する矛盾、そこから生まれるディアレクティッシュな〔弁証法的な〕緊張こそが重要だ」と主張して止まなくなったという[5]（松本武四郎 一九九五、五―六頁）。

そして、大学進学後の丸山は、特に政治思想を学ぶなかで、自らの「相対の哲学」を鍛えあげていった。「相対の哲学」と弁証法の親和性から当初はヘーゲルに心酔した丸山だったが、カント主義者である恩師の南原繁（一八八九―一九七四年）からは、弁証法《ディアレクティッシュ》的な緊張をもって事態に臨むはずのヘーゲリアンがナチスに妥協していく一方で、カント学者は妥協を許さずにその立場を動かないことを指摘されたという（座⑧一四九頁）。また、ナチスの猛威の只中で、社会民主党のオットー・ウェルズ（一八七三―一九三九年）がドイツ国会で反対演説をおこない、「自由とヒューマニズムと社会主義の理念に帰依する」と言い切ったことに、丸山は強い感動を覚えた（座⑤三一六頁）。なぜなら、丸山も同様に、当時の日本における国粋主義への雪崩《なだれ》をうった転向のなかで、自分がこの事態にどのように対応すべきか、それだけの覚悟と強さがあるのか、という問いを突きつけられていたからである。

しかし、大学時代以降の丸山については、論文や著作から彼の考えを読みとっていくことにしよう。人目をひくエピソードや人口に膾炙した通説などよりも、当時の論文こそが、丸山の肉声をそのまま閉じこめているのであり、当時の丸山の考えを何よりもストレートに語っているのである。

第二章　戦中の〝転向〟

学問との出会い

丸山眞男は政治学者と言われることが多いが、正確には、彼の専門は日本政治思想である。そのうえで、政治学と日本思想史の分野を横断しながら、約六十年間にわたって研究活動をおこなった。彼の足跡をごく簡単にたどれば、戦前は江戸時代の思想家である荻生徂徠《おぎゅうそらい》や本居宣長《もとおりのりなが》を題材とした日本政治思想史研究をおこない、戦後は新生日本が直面した現実的な課題に政治学者としてとりくみ、一九六〇年前後からは再び日本思想史へと回帰している。

これについて丸山自身は、日本思想史研究を「本店《ほんてん》」、政治学者としての研究を「夜店《よみせ》」と称する（集⑫一一〇頁、座⑨二八七頁）。それは、研究者としての歩みが、日本思想史研究から始まったからであろう。しかし、彼の学問は丸山自身が選択したというより、むしろ周囲から押しつけられたものであった。

もともと高校時代の丸山が大学で専攻したかったのは、ドイツ文学である。しかし、官僚へと直結するエリートコースを歩んでいるにもかかわらず、みずから横道にそれることを周囲の大人たちが許すはずがない。結局、一高の教師や父親からたしなめられ、丸山はこの考えをあきらめる。そして兄と同じ経済学部に行くことを避け、昭和九（一九三四）年に東京帝国大学法学部政治学科に入学した。

大学時代の丸山は、やがて政治思想に興味を持つ。そして、卒業をひかえた夏休みに「政治学に於ける国家の概念」（一九三六年）を書いた。これは法学部の学生自治会「緑会《みどりかい》」が募集する懸賞論文に応募したもので、第二席A入選作（第一席は該当なし）となる（以下、「緑会論文」と呼ぶ）。この頃の丸山は、同級生たちのように官僚試験も受けず、就職活動もせずに、卒業まぎわにある通信社や新聞社の入社試験を受けようと考えていたという。しかしその後、助手公募の掲示を見て、学者の道を志すことを決めた。当時、丸山が希望していたのは、西欧の政治思想史の研究である。だが、指導教官となる南原繁からは、日本政治思想史の研究を命じられることとなった。

こうして二転三転しながら、日本政治思想の研究者となった丸山は、助手時代に「近世儒教の発展における徂徠学の特質並にその国学との関連」（一九四〇年）を、助教授になって「近世日本政治思想における『自然』と『作為』――制度観の対立としての」（一九四一―四二年）および「国民主義理論の形成」（一九四四年）を発表する（以下、本書ではこれらの論文をそれぞれ「助手論文」、「作為論文」、「国民主義論文」と呼ぶ）。これらの三つの論文は、戦後にまとめられて『日本政治思想史研究』（東京大学出版会、一九五二年）として刊行された。

『日本政治思想史研究』

『日本政治思想史研究』で丸山が示した解釈とは、儒教思想の内部から徂徠学が登場し、近代的な思惟様式が成長した、というものである。

つまり、封建的な朱子学の思想においては自然、歴史、文化などの一切が道徳に従属していたが、荻生徂徠（一六六六―一七二八年）は規範や政治の作為性をとらえてそれを優位に置いた。徂徠における「政治の発見」により、それまで連続していた規範と自然は分解して、政治的・社会的な「公」

と個人的・内面的な「私」に分かれる。徂徠は、前近代的な朱子学の思惟様式を解体させ、作為的に秩序を形成する主体性をもった、近代的な思惟様式を萌芽させたのである。

以上の丸山の解釈は、近世思想史研究の基礎となる一方で、儒教の専門家からはいくつかの批判が提出された。[1] しかし、その多くは解釈の妥当性に関するもので、論文を書くことで丸山が何を訴えたかったのかという「執筆の意図」については、十分に考慮されていない。そもそも、丸山本人の証言や、彼が戦中の弾圧に耐え、戦後日本の再生に貢献した「戦後民主主義者」であるという大前提から して、当時の国粋主義的・国家主義的な風潮に抗ったものだと疑いなく受けとめられていたと言えよう。

その流れが変わったのは、一九九〇年代である。山之内靖、酒井直樹、中野敏男、姜尚中など、国家や国民というシステムが少数者《マイノリティ》や弱者に与える害悪を暴こうとするポストモダン派の論者が、丸山の論はまさに国民国家の枠組みにとらわれたものだと指摘し、丸山の思想と総力戦体制との親和性や、論文の執筆動機の側面に焦点をあてたことにより、丸山研究は新たな展開をみせた。しかし、ポストモダン派は丸山の思想を当時の国家主義的・軍国主義的な動向に与《くみ》するものだと決めつけがちで、彼らに対する反論や抵抗も少なくない。[2]

そこで本章では、戦前の丸山が何を問題として、どのような思想的な変遷を歩んだのか（もしくは、一貫した思想を持ち続けていたのか）、丸山の論文執筆の意図を、彼の立場に立って丁寧に追っていくことにしよう。それこそが、丸山の「哲学」に沿って、丸山を理解することになる。戦前の丸山は、数十篇の書評や小論を執筆しているが、ここでは特に主要な四つの論文（緑会論文、助手論文、作為論文、国民主義論文）を中心に見ていきたい。

「近代」をいかにとらえるか

戦前の丸山眞男の論文執筆の意図をつかむうえで、私が注目するのは、「近代」に対する丸山の姿勢の変化である。当時は、西欧の没落とアメリカの台頭、社会主義国の誕生やファシズムの登場など転換期を思わせる時代で、知識人にとって、世界が今後どのような方向に進んでいくかが関心の対象となるとともに、今ある時代状況としての「近代」をいかに位置づけるかが必須の課題であった。さらに、後進国から西欧列強の仲間入りをしようとする日本から見たとき、「近代」は決して一様なものではなかった。

丸山が思想形成をおこなった一九三〇年代当時は、世界恐慌を経て列強が世界経済をブロック化し、その覇権や絶対的地位を動かし得ない独占資本主義的な状況が形成されており、近代や近代化という言葉や概念は、「文明の発達」の意味だけでなく、「資本主義社会体制や世界的状況の行き詰まり」とも密接な関連をもつものとして受けとられていた。日本にとっては、この近代的な状況を乗りこえること（「近代の超克」）と、現実問題として日本の近代化が十分でないこと（「近代化の不徹底」）のいずれもが、課題として複合的に存在していたと言えよう。

この問題について、マルクス主義者たちが日本の状況をどう位置づけるかを議論したのが、「日本資本主義論争」である。論争は、来たるべき革命としてプロレタリア革命を想定する「労農派」と、まず近代革命があってからプロレタリア革命に至るという二段階の革命を日本に想定する「講座派」

の間で行われ、丸山は日本における封建性の残存を重視した「講座派」の科学的分析に深く共感した。また、戦後の社会科学が「講座派」の流れを汲むことからも、丸山は日本の「近代化の不徹底」を訴える立場とされ、国粋主義的な潮流と結びつけて想定されがちな、近代を乗りこえようとする立場と考えられることはほとんどない。しかし私はここで、初期の丸山の論考が「近代の超克」を目指す方向性にあり、それが次第に変化していった様を明らかにしたい。

「近代の超克」は、戦中の知識人がさかんに口にした言葉で、民衆における「撃ちてしやまん」や「ゼイタクは敵だ」のように、憤懣や意気込みを充満させたスローガン的な思想を表すものであった（竹内 一九五九b→一九八〇、三頁）。一九四二年に雑誌『文學界』が同名のシンポジウムの記録を掲載したことで「近代の超克」なるものは広く定着し、同じく大東亜戦争をイデオロギー的に意味づける「世界史の哲学」とともに、その思想の形成には京都学派がかかわっている。[3]

後年の丸山は、「近代の超克」論にはもっともだと思う箇所もあったが、もっぱら英米仏の自由主義を打倒し、日独伊枢軸国の「世界新秩序」建設を斉唱するものであったため、対峙する立場をとったと述べる（集⑫九三―九四頁）。しかし、丸山の回顧は偽りではないものの、彼の発言をそのまま受けとることはできない。なぜなら、確かに丸山は東亜協同体を標榜して軍国主義に迎合する「近代の超克」論には決して与しなかったが、近代の世界的状況の行き詰まりを乗りこえることは、もともと丸山の最大の関心事であり、戦中にそこから一種の〝転向〟を果たしているからである。

戦前の丸山の思想の変化については、山之内靖が「戦時期転向」（総力戦体制に伴う思想の変化）に注目して助手論文に、中野敏男や酒井直樹はナショナリズム論に注目して国民主義論文に、小熊英二は作為論文の第四回にその転機を見ているが（山之内 一九九九、五八頁、酒井・中野・成田 一九九七、一三九―一四〇頁、小熊 二〇〇二、八三―八四頁）、ここでは丸山の「近代の超克」の主張からの転回に注目し、従来の論者とは異なる転回の内容と時期を新たに提示しよう。

大学時代の丸山眞男

丸山が処女論文「政治学に於ける国家の概念」（緑会論文）を執筆したのは、昭和十一（一九三六）年のことである。この時期、日本は国際連盟からの脱退に顕著なように、国際関係において不和を生じ、また国内的には国粋主義的な傾向が一気に強まっていた。

その発端は、昭和六（一九三一）年の満州事変である。これによって、それまで右翼と左翼がせりあっていたバランスは大きく崩れ、右に傾く。昭和八（一九三三）年には滝川事件（政府が京大法学部教授の滝川幸辰《ゆきとき》（一八九一―一九六二年）を「赤化教授」として休職処分にした）が起こり、また、共産党幹部の佐野学（一八九二―一九五三年）と鍋山貞親《さだちか》（一九〇一―七九年）が獄中から転向声明を出すなど、リベラリズムやコミュニズムに対する思想弾圧が露骨になる一方で、全体主義や国家主義を世界的潮流ととらえて乗じる傾向があらわれた。右傾化はさらに、昭和十（一九三五）年の美濃部《みのべ》達吉（一八七三―一九四八年）の天皇機関説問題や、政府の国体明徴声明をもたらし、丸山が緑会論文を執筆する昭和十一（一九三六）年には二・二六事件が起きている。

このような時代の渦中で、大学時代の丸山が抱いていたのは、世界認識、現状認識への強い欲求であった。それは、世界的に転機にさしかかった経済体制の行方と、それに応じて変化する政治体制への強い関心とも言えよう。丸山を駆り立てたのは、当時の経済状況である。世界恐慌以降、世界経済では自由貿易に代わってブロック経済が支配的になりつつあった。日本はそのなかでいち早く景気回復を果たし、東京は経済発展に支えられて「シネマ見ましょか、お茶のみましょか、いっそ小田急で逃げましょか」といったモダンとエロ・グロ・ナンセンスを謳歌していたが、対照的に農村は昭和農業恐慌下で不況に喘《あえ》いでいた。

大学時代の丸山は、これらの現状について、封建制の残存が日本の急激な成長を可能にしたと説明する「講座派」の分析に共感し、マルクス主義関係の書物が伏字となっていくなかで、経済学部の学生らとひそかに読書会を行ない、また、製糸工場を見学したり、農村の状況を見て回ったりしている。そこにはモダンと農業恐慌が共存する日本のアンバランスな経済構造への危惧と、世界における近代の行き詰まりへの大きな関心があった。

そこで丸山は、緑会論文を執筆する。この年のテーマは「民族と政治」。出題者は、南原繁である。学生たちは夏休み前にテーマと一般的な参考文献などの指示を受け、夏休みをかけて論文を書いて、九月の学期初めに提出する、という運びであった。丸山は、西洋の政治思想史をテーマとすることを決める。

「近代の超克」の主張(1)：緑会論文

緑会論文(「政治学に於ける国家の概念」)は、国家観の分析をもとにして、ファシズムの位置づけと批判を試みた論文である。丸山は、政治的思惟はその担い手となる社会層や歴史と不可分である、というマルクス主義的な考え方を論の下敷きとする。そして、国家観も同様に各国の市民社会の偏差や歴史的変遷に制約されているとして、その両面から国家観の分析を試みる。

まず丸山は、各国の偏差について、国家の絶対性が個人を保証する市民社会において、その国家観が個人と国家のどちらに重点を置いているかに注目し、イギリスでは個人に、ドイツでは国家に重点が置かれ、フランスはその中間であると分析する。また歴史的変遷については、市民層が支配層との抗争を経て国家権力を支配していくなかで、はじめは個人に重点が置かれた国家観が徐々に変化し、現在は均衡を通り越して国家へと重点が移ったとの見解を示す。なぜなら、市民社会の基本である自由競争は独占に転化し、また社会運動の高まりを受けて、市民階級と国家がそれぞれ優位な立場を守るべく利己的に癒着した「市民層と国家権力との抱合」という事態が発生しているからである。

そして丸山はこれらの分析をもとに、ファシズムを「市民層と国家権力との抱合」の末期的状態と位置づける。現在は動乱期ゆえに従来の体系や形式を壊す生命力が求められるが、ファシズムは市民層がその安定を脅かされ、従来の合理主義や実証主義に満足できなくなったなかで出てきた、安易な非合理主義ないし神秘主義に過ぎない。また、その国家観は、万能国家思想が民族的なロマンチシズムや美辞麗句によって装飾されたものだ、と丸山は言う。つまりファシズムは、市民社会の限界を乗りこえるようなものではなくて、安易な堕落なのである[4]。

一方、このファシズム理解に明らかなように、当時の丸山は世界を動乱期ととらえ、そこでは静止的・合理的な近代的思惟は無力だと認識しているのであり、緑会論文は次のような文章によって結ばれる。

今や全体主義国家の観念は世界を風靡している。しかしその核心を極めればそれはそれが表面上排撃しつつある個人主義国家観の究極の発展形態にほかならない。我々の求めるものは個人か国家かの Entweder-Oder〔どちらか〕の上に立つ個人主義的国家観でもなければ、個人が等族のなかに埋没してしまう中世的団体主義でもなく、況や両者の奇怪な折衷たるファシズム国家観ではありえない。個人は国家を媒介としてのみ具体的定立をえつつ、しかも絶えず国家に対して否定的独立を保持するごとき関係に立たねばならぬ。しかもそうした関係は市民社会の制約を受けている国家構造からは到底生じえないのである。そこに弁証法的な全体主義を今日の全体主義から区別する必要が生じてくる。（「政治学に於ける国家の概念」、集①三一頁。傍点は丸山）

では、丸山が理想とする国家観とは、具体的にどのようなもので、いかなる社会層を担い手とするのか。また、丸山は「今日の全体主義」から「弁証法的な全体主義」というものを弁別することで、どういう方向性を目指しているのか。

丸山は後年、この「弁証法的な全体主義」として、プロレタリアートを担い手とした「マルクス主義的なものを予想していた」と語ったのに対し（座⑨二〇〇頁）、近年では、丸山の言う「弁証法的な全体主義」や「個人の国家に対する否定的独立」が、田辺元《はじめ》（一八八五—一九六二年）や三木清（一八九七—一九四五年）の影響を受けたものであることが指摘されている。[5]

しかしいずれにせよ、ここでは緑会論文での丸山の論考が「近代の超克」を目指す方向性にあり、その「近代の超克」はファシズムのような全体主義が標榜するものではなく、丸山のなかでのいわば〝真の〟「近代の超克」を目指すものであることを確認しておきたい。当時の丸山の主張が「近代の超克」の方向性にあることは、次の助手論文を検証することでより明確となる。

国粋主義と津田事件

大学を卒業した丸山は、法学部の助手となり、二年半の歳月を経て助手論文を執筆するが、その間に日本は日中戦争を始め、国家総動員法を施行し、経済統制を強化するなど、国内体制の軍事化が急速に進んでいた。当時の中国が混沌として国家の体をなしていない状況にあったのに対して、首相の近衛文麿《このえふみまろ》（一八九一―一九四五年）は東亜新秩序を掲げ、帝国主義的な戦争とは違って中国の主権を尊重し、将来的な独立を考慮したものであるとの声明を発表する。そして、近衛周辺の知識人たちは東亜協同体論を展開して、イデオロギーの面から近衛をサポートした。

こうしたなか、国粋主義的な風潮の高まりを背景として、リベラルな言論活動をおこなう東大の法・経両学部は右翼の標的となる。法学部では美濃部達吉、末弘厳太郎《すえひろいずたろう》（一八八八―一九五一年）、田中耕太郎（一八九〇―一九七四年）らの教授陣が次々と右翼による非難の対象となり、経済学部の矢《や》内原《ないはら》忠雄（一八九三―一九六一年）と河合栄治郎（一八九一―一九四四年）は大学を追われるに至った。[6]丸山はこの時代を東大の法・経学部にとって「歴史上最悪の受難時代であった」と回顧している（集⑩一八〇頁）。

さらに右翼の攻撃は、丸山が出席する教室内でも起きた。いわゆる「津田事件」である。

昭和十四(一九三九)年、法学部は東洋政治思想史講座を新設し、講師として津田左右吉《そうきち》(一八七三―一九六一年)を招く。この講義を将来的に担当する予定の丸山は、助手として毎回出席していたが、十二月の最終講義において、十数名の右翼学生が押しかけた。彼らが非難したのは、中国と日本は思想的伝統が違うとする津田の主張が、共栄圏の思想に反するという点である。このとき丸山は、右翼と津田の間に割って入り、最後は強引に津田を大学から連れ出した。さらに津田は事件直後に、皇室の尊厳を冒瀆したとして主要著書が発禁処分となり、出版法違反で起訴されるに至るが、丸山の助手論文はまさに津田事件の展開と並行して書かれている。

丸山は国粋主義の圧力をひしひしと感じるなかで、今ある事態は改められるべきとの思いを強くしたはずである。当時はすでに政党内閣時代が終わり、経済問題や満州事変以後の国際問題を政治的リーダーシップの一元化によってのりこえるべく、有力者を首班としてそれを政党人が支える政治体制がとられていた。この時期の政策や諸言説からは、機能不全を起こした政党政治をかいくぐり、国民の「下から」の参与や要求を、指導者の「上から」のリーダーシップとつなげて合理的に実行する道を探っていたことが窺える。

そこで強力な指導者として、一度は内閣を投げ出した近衛文麿に対する国民の期待が高まっていく。実際、丸山が助手論文の執筆を終えた直後に、国民の待望を受けて近衛新体制(第二次近衛内閣、一九四〇―四一年)が成立するわけであるが、助手論文には今ある事態を改変する必要性や、日本が成し遂げるべき改革の方向性などについての丸山の認識が反映していると言えよう。さらに丸山には、日本における体制の改変のみならず、緑会論文以来、世界における行き詰まりと、そこでの日本の役割が意識されていた。

「近代の超克」の主張⑵：助手論文

助手論文（「近世儒教の発展における徂徠学の特質並にその国学との関連」）は、先にその内容を簡単に示したように、封建的な徳川時代の儒教思想から、近代的な思想の萌芽としての徂徠学が内発的に登場する様を描いた日本思想史研究である。そこで丸山は、マックス・ヴェーバーやカール・マンハイムに倣って思惟様式に注目した。

徳川時代の近代的思惟様式の成長を主題としたことについて、後年の丸山は、イデオロギー的な斉一化を要請する「近代の超克」論に抵抗すべく、そこでスケイプゴートにされる「近代」を擁護する必要を感じてのことであったと述べている（集⑫九四頁）。しかしこの回顧は、助手論文での丸山の執筆意図を正確にあらわしているとは言えない。なぜなら、丸山に「近代」を擁護する意識があったことは確かだが、そもそも助手論文の構成において、近代的思惟の成長という主題は、日本に「近代の超克」をもたらすような能力を見出そうとする目的のもとに設定されているからである。

助手論文の「まえがき」で丸山はまず、自己変革や内部での葛藤こそが歴史的な前進を導くのであり、それがない支那（中国）は停滞しているが、日本には自己変革の芽があると述べる。[7] つまり、助手論文の目的は、己れをみずから変化させることのできる自己変革能力を日本に探ることにあったのであり、江戸時代の儒教思想における徂徠学という画期は、この目的のもとに見出されたものである。

では、その自己変革能力とはいかなるものか。丸山によると、それは徂徠から宣長へと継承されていく一種の非合理主義である。例えば徂徠は、古文辞《こぶんじ》学と呼ばれる古語研究の文献学的・実証的方法論を発展させ、それまでの道学にはなかった歴史意識をもたらしたが、そのような近代的で合理主義的な領域の拡大は、六経《りくけい》の時代の聖人たちを超越化させる非合理的な態度と表裏一体の関係にあった。言い換えれば、徂徠は非合理的なものを超越的な一点にまで押しやることによって、それまでの道学的なレベルでの合理的体系を壊し、より近代的で時代に即した新たな合理的・実証的体系を導いているのである。

つまり、丸山が想定する自己変革能力とは、非合理的な要素をより狭い範囲へと集中させ、合理性の妥当する範囲を拡大する能力のことである。それによって現在の合理性より一段階バージョンアップした新たな合理性が築かれることとなる。それはいわば「非合理集積能力」と言うべきものである。

丸山の考えによれば、徂徠における聖人への絶対的な信仰などの非合理性は、秩序がより合理的なものへと改変されるときに、どうしても生み出されてしまうという。しかしそれは野球の犠牲フライに例えられるように（集②二六頁）、アウトカウントをひとつ増やしながらも、局面は確実に打開されていく。こうした道筋は、中世ヨーロッパの哲学史において、ドゥンス・スコトゥスやウイリアム・オッカムらの唯名論者が、神を中心として体系化されたスコラ哲学を批判し、信仰の領域を神学の範囲に制限しながら、同時に理性的認識の対象を拡大して科学の発展を準備したような、世界史的な過程として位置づけられる。

すでに緑会論文で丸山は、行き詰まった合理性を打破する画期に現在は差しかかっているとの認識を示していたが、助手論文では徂徠にそうした役割を見出していると言えよう。これは、今ある合理性が進歩的に破壊されて来たるべき合理性が誕生するという、当時の丸山が考えていた「近代の超克」の道筋についての理解を反映したものであり、この点での丸山の関心は緑会論文以来、変わっていない。

以上のように、助手論文では、「まえがき」で日本の自己変革能力を描く旨を示し、本文では徂徠学に「非合理集積能力」を見出すなど、丸山の立論が「近代の超克」を見据えたものであることが分かるが、「むすび」においてもその意図は明確である。

丸山は江戸時代の儒教思想における徂徠学の画期性を記述し終えたのちに、「むすび」において次のように自問する。「抑々《そもそも》この様にして儒教思想の自己分解のなかに近代意識を探ることに一体如何なる現代的価値があるのか、そうした近代的な思惟こそまぎれもなく現在『危機』を叫ばれているところではないのか」（集①三〇四頁）。

これに対し丸山は、「この問題は前近代的なものへの復帰によっては解決されない。道学的基準の奴婢となるのではいけない」という主旨の自答を行ない、さらに次のような主張を続ける。「現在のわれわれは、規範的制約を排して歴史的事実の上に立ちつつ、いかにその実証性を失わずにこれを価値に関係づけるか、倫理との新たなる結合をいかに構成するかの問題が残されているのである」（集①三〇五頁）。そして最後にヴィルヘルム・ヴィンデルバント（一八四八―一九一五年）の言葉を引用し、歴史はあともどりできないことを念押しして、助手論文を結ぶ。

つまり、「むすび」の部分で丸山が「近代」の擁護に気を配りながら主張しているのは、科学的・実証的な領域の活動を拘束してしまうかたちで前近代的なモラルをもちだすのではなく、そうした活動の活性化やさらなる追求を促す新たなる倫理と、いかに結びつけるかが大事だということである。そしてこの主張は、先に「非合理集積能力」と呼んだ、非合理的要素が集積されて合理的な領域が拡大するという、非合理性と合理性についての議論にも関係している。丸山が述べているのは、現在の合理性を固定してしまうのではなく、むろん前近代的な非合理的価値によって現在の合理性を縛りつけてしまうような時代逆行的なことをするのでもなく、現在の合理性の追求を促し、さらには合理性のバージョンアップをもたらすような新たな非合理的価値との結合をいかにして構成するかが問題だということである。

これらのことから、助手論文の「まえがき」、本文、「むすび」を一直線に貫く丸山の問題意識は明らかであろう。助手論文から、徂徠学による近代的思惟の成長という主張を受けとるだけでは十分ではない。また、「近代」を擁護したかったという動機は確かに偽りではないが、論文執筆の目的をそれだけに限ると、丸山の意図を十分につかむことはできない。丸山が助手論文で描きたかったのは、「近代の超克」を可能にするような、日本という国が有する自己変革能力である。そして丸山は、現在は新たな合理性のバージョンアップがもたらされる画期であるとの認識のもとに、徂徠のように精密な学問的・実証的な態度をもって非合理的な要素を押しつめなければならないのであり、安易に非合理に流れるべきではないと主張しているのである。

以上のとおり、緑会論文と同様に、助手論文も「近代の超克」（丸山にとっての〝真の〟「近代の超克」）を見据えて書かれていることは明白である。助手論文における丸山の主張の方向性はいずれも「近代の超克」にあると言えよう。

近衛新体制の不発

「近代の超克」を見すえた丸山の主張が変化を見せるのは、助教授となってから執筆された作為論文においてである。

作為論文はその成立事情により、助手論文を〝焼き直し〟したような論文となっている。なぜなら、丸山は法学部の政治学科に属し、将来的に東洋政治思想史講座を担当する予定だったが、助手論文は儒教思想や国学の思惟様式の分析に主眼を置いており、政治思想を直接的に論じたものとは言いがたい。そこで、より政治に関係した考察を補う必要を感じた丸山は、助手論文と同様の題材を用いて、今度は政治的な側面から問題を論じ直したのである。

作為論文は、助手論文を執筆した翌年、助手論文の完成からほぼ一年後に書き始められた。この間、助手論文を発表した直後の昭和十五（一九四〇）年七月には、第二次近衛内閣、いわゆる近衛新体制がスタートする。同時期に丸山がペンネームで発表した『或日の会話』（一九四〇年九月）は、経済統制を話題とした問答体形式の小文だが、そこからは改革を断行すべき機運は熟したとの認識が読みとれる。

しかし、実際には近衛内閣は事態を好転させることができず、むしろ政策はことごとく裏目に出た。政党ではない新たな国民組織に政治力と実践力を結集することを目指した大政翼賛会は、帝国議会での審議の結果、その政治性を否定されて精神運動化してしまう。また外交においても、なるべく有利なかたちで対米交渉に臨もうとするあまり、日米関係は悪化し、日中戦争終結の見通しも立たないままであった。この過程で、日本は当時ヨーロッパ各国へ侵攻していたドイツと日独伊三国同盟を締結し、仏領インドシナへと進軍する。一方、国内では紀元二千六百年祝典が盛大にとりおこなわれ、統制はますます強化されていった。このような時代背景のもと、丸山は作為論文の執筆を開始する。

「近代の超克」からの転換：作為論文

作為論文（「近世日本政治思想における『自然』と『作為』——制度観の対立としての」）は、毎月定期的に研究誌（『国家学会雑誌』）に発表された助手論文とは異なり、期間を空けながら一年以上をかけて掲載されることとなった。第一回は一九四一年七月、第二回は九月、そして第三回が掲載された十二月には真珠湾攻撃によって大東亜戦争が開戦し、第四回は翌年の八月になってようやく発表され、論文は完結している。

このうち、第一回と第二回（第一節から第四節の終わりまで）は、ちょうど助手論文の焼き直しの部分にあたる。作為論文で丸山は、思惟様式の社会観や制度観への現れを論じるとして、その際に「自然」と「作為」という概念を用いて、思惟様式の変容に沿った自然的秩序思想から作為的制度観への発展という形で、助手論文を簡潔に描きなおしている。つまり、徂徠学の登場により、自然的秩序思想から作為的秩序思想へと転回したという論旨である。そして助手論文と同様に、その「作為」への転回に付随する聖人の絶対化は、世界史的過程であって、不可避な迂路であることが確認される。以上が、第二回までの内容である。

丸山が助手論文の焼き直しから逃れ、この時期の丸山の主張や論文執筆の背景にある意図があらわれるのは、第三回（第五節の安藤昌益の部分）である。ここで丸山は、徂徠によって見出された「作為の論理」、つまり社会的秩序や制度を人間の自由意志によるものとする考え方が、いかに西欧における「人作説」（社会契約説）のような徹底に至らなかったかを論じる、というように問題を設定し直す。

つまり、日本に「近代の超克」をもたらす自己変革能力を見出すべく、徂徠学における近代的思惟の芽吹きに注目した助手論文と、その焼き直しである作為論文の第二回までに対して、第三回以降は、徂徠以降の近代的思惟の成長が十分でなかった面にスポットをあてている。これらの評価の両面は以前から丸山の認識にあったと思われるが、ここではっきりとプラス面からマイナス面の強調へと傾いているのだ。丸山の主張はここで「近代の超克」を離れ、日本における近代的思惟の不徹底を指摘する方向へと転回している。

続く第四回では、丸山はこれまでの一回分の倍の紙幅を費やしてこの主張を展開し、幕末期においても「作為の論理」があくまで上から樹立さるべき制度として発想され、結局は「人作説」のような人民を主体としたものとならなかったことを論述していく。そして最後に、明治の自由民権論でようやく「人作説」に到達するものの、獲得された国民の主体的自由がすぐさま失われていく様を示す。論文は次のような言葉で結ばれている。

維新の身分的拘束の排除によって新たに秩序に対する主体的自由を確保するかに見えた人間は、やがて再び巨大なる国家《レヴァイアサン》の中に呑み尽され様とする。「作為」の論理が長い忍苦の旅を終って、いま己れの青春を謳歌しようとしたとき、早くもその行手には荊棘《けいきょく》の道が待ち構えていた。それは我が国に於て凡そ「近代的なるもの」が等しく辿《たど》らねばならぬ運命であった。徳川時代の思想が決して全封建的でなかったとすれば、それと逆に、明治時代は全市民的＝近代的な瞬間を一時も持たなかったのである。（「近世日本政治思想における『自然』と『作為』」、集②一二四頁。傍点は丸山）

この、日本における近代的思惟の成長や達成が不十分であったという丸山の総括には、昭和十七（一九四二）年当時の現体制批判の意味が多分に込められていると言えよう。「個人の主体的自由が必要だ」、「国家に呑み込まれてしまう」というのは、まさにこのときの丸山自身の叫びなのである。

日米開戦と翼賛選挙

丸山に「国家に呑み込まれる」という切迫感が、ある一線を越えて表出したのは、作為論文と並行して書かれている文章から考えるに、真珠湾攻撃を経て日本が東南アジアに覇権を拡大し、昭和十七（一九四二）年四月の翼賛選挙（第二十一回総選挙）の結果、翌月に翼賛政治会による「事実上の一国一党的な状態」[8]ができあがる時期である。この時期に書かれ、六月に発表された「神皇正統記《じんのうしょうとうき》」に現われたる政治観」において、丸山の文章に異変が現れる。

同論文は、当時の国粋主義的な風潮のなかでさかんに持ち上げられていた『神皇正統記』をできるだけ学問的に扱いたいとの要請を受けて、その政治思想を解説したものである。しかしこの文章は、たとえ当時の風潮のなかでは学問的だとしても、強引な解釈に満ちていると言わざるをえない。なぜなら丸山はここで、北畠親房《きたばたけちかふさ》（一二九三―一三五四年）の足利尊氏《たかうじ》（一三〇五―五八年）への恨みと天皇復権の願いが充満した『神皇正統記』を、現実改変の主体的意思に裏づけられた行動の書だと、無理やりこじつけて評価しているからである。

そして最後に「あとがき」の部分で、丸山は次のように文章を結ぶ。


彼〔親房〕は神皇正統記を以て「末世」の現実に「正直」の精神を滲透せしむべく試みた。だが、若し彼をして彼なき後の歴史の無慈悲な進行を目撃せしめたならば、必ずや、西欧の一哲学者と共に「我教ふ、されど甲斐なし」(doceo, sed frustra) の歎きを禁じえなかったであろう。建武中興の政治家としての彼は結局建武中興と運命を共にしなければならなかった。しかし政治的実践の成否はいかにもあれ、つねに「内面性」に従って行動することの価値を説き自らもそれに生きぬいた思想家としての北畠親房は幾百年の星霜を隔ててなお我々に切々と呼びかけている。

（「神皇正統記に現われたる政治観」、集②一七七頁）


これは正統記にかこつけておこなわれた、丸山自身の心情の吐露にほかならない。これまで丸山は記述の中に現体制への不満や批判を込めても、心の叫びをそのまま文章にすることはなかった。しかしこの段階においてその禁はついに破られている。ここにあらわれている切迫感は、直後に発表される作為論文の最終回での「国家に呑み込まれてしまう」という叫びと同じものだと言えよう。丸山の主張は、昭和十七(一九四二)年の中頃までには、「近代の超克」から「近代化の不徹底」へと完全に移行しているのである。

最後の抵抗

作為論文の執筆過程で丸山にそれまでの「近代の超克」の立場を転換させ、また「国家に呑み込まれる」との心の叫びを吐かせた切迫感は、その後も戦争が終わるまで丸山を駆り立てていく。以後、戦況が悪化するなかで、国家に呑み込まれていく丸山の捨て身の現状批判、最後の最後の抵抗が続いていく。

丸山が作為論文を書きあげた頃、すでに日本はミッドウェー海戦(一九四二年六月)において戦局を大きく左右する致命的な敗戦を喫していた。以来、日本軍は全滅必至の消耗戦を強いられ、昭和十八(一九四三)年には「転進」という名の撤退を余儀なくされる。この年は他の枢軸国にとっても劣勢があらわとなった年であり、ドイツ軍はスターリングラード攻防戦で降伏し、イタリアは連合軍の上陸を許し、無条件降伏するに至った。

丸山は昭和十七(一九四二)年十月から大学で東洋政治思想史講座をうけもち、その準備のために執筆量は以前と比べて大幅に減るが、その分、書評や小文に自身の主張を凝縮させていると言えよう。たとえば、作為論文に続いて書かれた「麻生義輝『近世日本哲学史』を読む」では、丸山は書評の体裁を保ちきれずに、自身の主張をそのまま書き記してしまっている。麻生義輝（一九〇一―三八年）の書は、あくまで幕末期より移入された西欧哲学が日本でいかに研究され、展開したかを純粋に追った著作である。しかし丸山は冒頭で「物質文明ではなく、精神的分野におけるヨーロッパ的なるものの浸潤の程度こそが、日本の近代化を測定するバロメーターである」と述べ、そのうえで麻生の書を紹介したのち、次のような結論を導く。

> 一見啓蒙思潮によって塗りつぶされたかに見える明治初期に於ても、国民の内的な思考や感覚はなんら本質的な革新を経験しなかった。〔…〕近代日本は一切のヨーロッパ精神を、物質文明を採用すると全く同じ様式で受取ったのである。受取られたものは受取る主体の内面に立ち入って内部から主体を変容する力をもたずに、単に主体に対して外から付加されるにとどまる。〔…〕果して然りとせば、我が国が真の意味に於てヨーロッパ精神と対決したことはいまだ嘗てないとすらいえるのではないか。（「麻生義輝『近世日本哲学史』を読む」、集②一九一―一九四頁。傍点は丸山）

つまりここで丸山は、書評の場を借りて「日本は近代化したか」という問いを設定し、みずから「否」と答えているのである。

同様に、翌年の昭和十八（一九四三）年に書かれた二本の書評と小論でも、丸山は決まった題材を論じることを超えて自身の主張を訴えている。書評「加藤弘之著、田畑忍解題『強者の権利の競争』」では、加藤弘之（一八三六―一九一六年）がラディカルな民権論者から転向し、適者生存の論理で天《てん》賦《ぷ》人権論を攻撃するようになった変化を日本の近代化のゆがみによるものととらえ、同書を「近代主義の日本的性格を究明する上に欠くことの出来ぬ史料の一つ」（集②二〇四頁）と位置づける。丸山の論点はここでも日本の近代化の不徹底にあり、その不徹底を表現するものとして「日本的」という言葉を使っているところに、丸山のぎりぎりの戦いが見られる。

また、別の書評「清原貞雄『日本思想史 近世国民の精神生活』上」では、同書が概説書であることから、思想史を概説することの難しさを論点とするのだが、そうした体裁のもとで丸山が実際におこなうのは、清原貞雄（一八八五―一九六四年）が国粋主義的な動向に媚びたかたちで思想を解釈している箇所の指摘であり批判である。そして最後には、日本思想史における隠蔽や歪曲は国史の冒瀆だと述べ、丸山は国粋主義側の武器を逆利用しながら時流に抗っている。

さらに、学徒出陣（昭和十八年）にあたって執筆された「福沢に於ける秩序と人間」は、極めて短い文章ながらも、丸山の主張が凝縮された迫力のある文章となっている。

この小論で丸山が論じているのは、国民と国家のあるべき関係についてである。丸山は、福沢諭吉の「個人主義」の面と「国家主義」の面はバラバラに切り離して論じられているが、実は福沢は「個人主義者たることに於てまさに国家主義者だった」（集②二一九頁）と規定し、福沢の思想家としての意義を「国家を個人の内面的自由に媒介せしめた」点に見出す。そして福沢が「一身独立して一国独立す」という言葉で示したような、主体的自由をもった国民の秩序への能動的参与は、明治時代の課題であったと同時に、現代の課題でもあるとする。しかるに今日、日本国民は「近代国家形成能力」を持っているだろうか。丸山は否定的にそう問いかけるのである。

ここで示された「日本国民は国家形成能力をもっていない」という主張や問題意識は、人民が「作為の論理」の主体とならなかった不徹底を指摘する作為論文の論点を引き継いだものであり、昭和十九（一九四四）年に出征直前の丸山が執筆した国民主義論文へとつながっていく。

近代化の不徹底：国民主義論文

国民主義論文（「国民主義理論の形成」。のちに「国民主義の『前期的』形成」と改題）は、丸山が助手論文、作為論文を発表してきた『国家学会雑誌』がある特集を企画した際に、そのなかの一篇として執筆された論文である。しかし、その途中で丸山は赤紙を受けとる。当時、丸山は三十歳。四ヵ月前に結婚したばかりだったが、サイパンが陥落した直後のこの時期に応召することは、ほとんど生きて帰れないことを意味していた。神風特攻隊の作戦が開始されるのは、その直後のことである。丸山は応召までの一週間、この「遺書」たる論文の執筆に没頭する。

国民主義論文は、作為論文の延長線上に位置する論文である。作為論文で丸山は、徂徠以降、人民が「作為の論理」の主体とならなかった不徹底を描いたが、明治時代についてはなお詳細な検討を必要とするとして論を結んでいたのであった。この課題に改めて挑もうとしたのが国民主義論文である。丸山は作為論文の執筆時から、東大法学部の明治新聞雑誌文庫に入りびたって明治時代の研究をすすめていた。この時すでに丸山の頭の中には、明治以後のナショナリズム思想が近代的国民主義の理論として形成されながらも、官僚的国家主義へと変貌していったというデザインができあがっていたのである。

国民主義論文で丸山は、作為論文で指摘した「作為の論理」の主体が人民でないという不徹底を、新たに「国民意識」という言葉に置きかえて問題にする。国家に属しているだけでは単なる成員なのであって、「国民」たらねばならない。この「国民」とは、主体性をもって決断し、国家を担う存在であり、丸山はそれを「国民意識」、「国民主義」と呼ぶ。国民主義論文は、この国民主義の明治時代における消長を検証することを目的としたものである。

丸山は以上のような問題設定のもとに、明治時代の前段階として、徳川封建制がいかに国民意識を妨げたか、そして幕末においても国民意識が十分に成長せず、国家と国民のバランスは国家にばかり傾いたことを論述していく。しかし、実際に執筆されたのはここまでであり、論文は明治時代を論ずる前段階までしか完成を見なかった。そのため、結果的に国民主義論文は、作為論文で用いた幕末についての題材を、単に再構成したような論文となっている。

しかも、掲載誌の特集にあわせて分業体制で書かれたせいか、記述だけを追うとかなり冗長である。だが、そこで示される徳川封建制の閉鎖性、主体的な政治参与や思想の抑圧は、ことごとく現体制に重ね合わせながら記述されたものであり、徳川封建制の崩壊の記述にも、現体制を一変せねばならないとの意志が多分に込められている。一見冗長な記述も、当時の時代性を考慮したとき、大変緊迫感のある文章であることが分かる。

そして、未完成ながら執筆された部分と論文の構想から、国民主義論文において丸山が日本の近代化の不徹底を主題としていることは明らかである。そもそも明治時代を研究対象として、近代化の不徹底を検証する論文を構想することが、まだ明治時代が完全に「歴史」となっていなかった当時にあっては、現体制の大日本帝国と真っ向勝負することを意味していた。丸山はその最後の大勝負の途中で、筆をおかねばならなかったのである。

〝転向〟の隠蔽

以上、本章で見てきた丸山の主張の変化を、「近代の超克」から「近代化の不徹底」への移行と言うことができるだろう。しかし、この一種の〝転向〟は、必ずしも丸山の信念が一変したことを意味するものではない。もともと「近代の超克」と「近代化の不徹底」の両面は大学時代から丸山に存在していた問題意識であり、その重点が、国際情勢や国内の動向の変化によって移動したようなものである。特に、昭和十七（一九四二）年の翼賛選挙で「事実上の一国一党的な状態」が形成されると、丸山にとっては世界状況の改変よりも、日本の近代化の不徹底を訴えて精一杯の現状批判を行なうことが、自身の戦いにおいて勝ちとられるべきものとなった。

では、この「近代の超克」から「近代化の不徹底」への変化について、丸山はどれだけ自覚的であっただろうか。すでに述べたように、戦後の丸山は「近代の超克」論にも共感していた部分があることを隠すわけではないが、自身がまさに「近代の超克」の立場をとっていたことや、その後の〝転向〟について顧みられた形跡はなく、「近代化の不徹底」を主張した面ばかりを強調しているとの印象を受ける。

その端緒は、丸山が戦後はじめて書いた「近代的思惟」（一九四六年）という小文に見出すことができる。この文章は、丸山が戦前の自分の立場と一貫して変わらないことをアピールした、いわば所信表明である。ここで丸山は、いまや近代的思惟が「超克」どころか獲得されていないことは明らかであるとして、戦前に軍国主義的・国家主義的な主張をしていた者たちが、戦後になって急に民主主義を唱えるように立場を変えたことに対し、「日本に於ける近代的思惟の成熟過程の究明」が戦前戦後を一貫する自身の問題意識であると宣言している。つまりここで、戦中に「近代化の不徹底」の主張を最後の砦《とりで》としたことが、丸山の中で戦前以来の自身の一貫した態度として捉え直され、完全に定着したと私は考える[9]。

なかでも象徴的なのは、日本に「近代の超克」をもたらすような能力を見出すことを目的とした徂徠学の発見が、結果として、目的の部分を切り落とされ、単なる近代的思惟の成長についての研究として捉え直されたことであろう。以後、丸山が戦前に行なった日本政治思想史研究は、現在に至るまで、こうして捉え直された姿で解釈されているわけである。

しかし「近代の超克」から「近代化の不徹底」への〝転向〟は、上記のような不連続面のみならず、同時に丸山における戦前と戦後の連続面が形成される契機ともなっている。なぜなら、戦後の丸山が中心的な課題とする「主体性」という問題意識をつかんだのは、この場面でのことだったからである。丸山は、国家に呑み込まれるという危機を感じ、主張の方向性を「近代の超克」から「近代化の不徹底」へと移行させるなかで、国民の「主体性」の欠如という問題につきあたった。のちに、いわゆる「戦後民主主義者」の代表とされるような〝戦後の丸山眞男〟が誕生する大きなきっかけがこここにある。[10] 戦前における「近代の超克」から「近代の徹底」への移行は、人間丸山眞男にとっても非常に大きな転換点であったと言えよう。

　また、たとえ丸山自身が無意識のうちに隠蔽したのだとしても、戦前に「近代の超克」を目指し、戦中にそこから〝転向〟したことは、本書のテーマである「丸山眞男の『哲学』」（価値の相対化）という観点から見たとき、世間の風潮に逆らい、現状に満足せず、絶えず社会の進歩を目指すという点において、まさに正しい働きをしていると言うことができる。だが、ここで戦後の丸山が立場の不変と正当性を訴えるために、自らの過去を微妙に偽ったことは、自身の「哲学」をどこか否定する行為であり、それがのちのち丸山を呪縛することにもなるのである。

第三章　敗戦と再生

丸山眞男の一九四五年八月

一九四五（昭和二十）年九月二日、東京湾沖に停泊するミズーリ号の艦上で日本は降伏文書に調印し、これにより大東亜戦争は終結した。しかし、日本国内において、国民が戦争の終結を理解したのは、ポツダム宣言を受諾して降伏したことが明らかにされた八月十五日である。民主主義の確立、軍国主義の除去、日本軍隊の無条件降伏などの戦争終結の条件を含んだポツダム宣言に対して、日本ははじめ黙殺することを言明するも、原爆の投下やソ連の参戦を受け、ついに受諾を決定するに至った。

天皇がポツダム宣言を受け入れるとする「聖断」をおこなったのは、八月九日から十日の未明にかけてである。日本はこの決定を十日の午前中に米英中ソに通告し、その日の午後にはすでに対戦国は勝利の喜びに沸いていたという。そして八月十五日の正午、ラジオ放送はこれから重大な発表が天皇陛下によってなされることを告げ、君が代の演奏に続いて、天皇自身が読みあげた八・一五詔書が放送された。いわゆる「玉音放送」である。天皇独特の抑揚や難しい漢語調の文章の意味をよく理解できなかった者も、続けて放送されたアナウンサーの解説によって戦争の終結を理解し、また、ラジオ放送の受信に不具合があった地域でも、異例の午後配達となった十五日付けの〝朝刊〟によって「終戦」を知ることとなった（佐藤 二〇〇五、一三―一六頁）。

戦争末期、丸山眞男は広島県の宇品《うじな》にいた。宇品は広島市の中心から三、四キロメートル南に位置する海沿いの町である。昭和二十（一九四五）年三月、丸山は二度目の応召により、宇品にある陸軍船舶司令部の船舶通信連隊に配属され、直後に参謀部情報班へと転属した。船舶司令部は、陸軍全体の船舶の統制や運用をおこなう機関で、戦線の拡大とともに制海権が失われていくなかで、補給の確保にあたっていたようである（石田 一九九七、一六〇―一六二頁）。そこで丸山は、短波放送の傍受によって敵の潜水艦などの船舶情報、並びに国際情報を収集して毎週報告する任務を負っていた。

そして、丸山に昭和二十年八月が訪れる。このときに次々と起こった出来事により、丸山はその後の人生において、何度もここに立ち返ることになった。

原爆、終戦、母の死

生涯にわたって、丸山を昭和二十年八月に立ち返らせたものは、三つある。

ひとつは原爆である。八月六日の午前八時十五分、海上から宇品上空をとおって広島市へと侵入したエノラ・ゲイが原子爆弾を投下。そのとき宇品の船舶司令部では、建物の前の広場でちょうど点呼、朝礼がおこなわれ、参謀が講話をしている最中であった。丸山は、突然すさまじい閃光が走り、参謀の帽子がスーッと浮き上がるのを見たと言う。瞬間的に人々は一斉に壕《ごう》へと飛び込んだ。そして壕からはい出すと、司令部の背後にはキノコ雲が立ちのぼり、建物はめちゃくちゃになっている。丸山ら司令部の人々は、建物により熱線と爆風から守られてなんとか助かったが、たちまち司令部の広場は避難してきた市民でいっぱいになる。[1] この事態に、司令部の暁《あかつき》部隊が救護と死体処理にあたるが、三日後に丸山が報道班長らとともに爆心地の視察に同行すると、道端には死体が「マグロを並べたように」置かれていたという（集⑯三五九―三六二頁）。後年の丸山は、原爆体験について思想化が足りなかった（座⑦一〇六頁）との反省をもちつつも、数十年経っても死者を出し続け、日々新たにわれわれに問題を突きつける原爆について「毎日原爆は落ちている」と述べ、この問題に向き合い続けた（『丸山眞男手帖』第六号、一九九八年七月）。

もうひとつは、八月十五日の「終戦」である。丸山は、戦争についてある程度正確な見通しを持ち、ソ連の参戦や、終戦後に事態収拾のため皇室関係者が総理となることなどを的中させて上司や同僚を驚かせたが、内地で血みどろの決戦になることは必至と考えていた（座②二〇五―二〇六、二一二頁）。それゆえ、終戦は丸山に突然訪れたと言えよう。船舶司令部では「玉音放送」は音が悪くて聞きとれなかったが、部屋に引揚げたあとに一同は広島のラジオで終戦を知り、大騒ぎとなった（座②二〇五―二〇六頁）。丸山は「やっと救われた」と、とにかくホッとしたという（集⑯三六二頁、座③二九八頁）。そして丸山は、この一九四五（昭和二十）年八月十五日の時点ではつかみきれていなかった「民主主義革命」としての意味を半年後に受けとり、その後も民主主義が苦難を迎える節目ごとに、八・一五の意味を問い直していくことになる。

最後のひとつは、母親の死である。母セイは八月十五日に亡くなり、その知らせは十七日に広島の丸山のもとへと届いた。母の死を知った丸山は、船舶司令部内の武道場に隠れ、転げまわって泣いたという。丸山には、「何のための戦争終結か」とのやるせない思いが沸々とこみあげてくるのであった（書③二〇一頁、飯田 二〇〇六、七七頁）。病床にあった母セイは、死の二週間前から、生きのびられる可能性のある家族のためにとすべての食事をゆずっており（丸山邦男 一九七五、二三一頁）、死の数日前には、次のような辞世の歌を詠んでいる。「召されゆきし吾子《あこ》をしのびて思ひ出に泣くはうとまし不忠の母ぞ」（『自己内対話』二六七頁）。丸山は母が残した八首の歌を、自身の思いを書きつけるノートの巻末に収めていた。そうして常に母の想い出とともに、いつでも昭和二十年八月へと立ち返ったのである。

以上のように、丸山にとっての終戦は、原爆投下直後の放心のなかで突如として訪れ、しかも終戦の解放感にひたる間もなく、母の死の悲しみにうちひしがれたと言えよう。

天皇制と民主主義

八月十五日の「終戦」以後、知識人としての丸山に与えられた最初の仕事は、ある参謀（陸軍少佐）への〝講義〟であった。

終戦翌日の八月十六日、丸山一等兵は突如この参謀の部屋に呼び出され、次のように命じられる。「これから約一週間、君に満州事変以来のわが国の政治史のあらましを毎日話してもらいたい。その間、君に一切の〝使役〟を免じる。また言論の自由も保証する。軍閥という言葉を用いても差支ない」（集⑮三二頁）。

この奇妙な〝講義〟において、参謀が思いつめたような表情で尋ねたのは、日本が民主主義になると君主制はなくなるのではないか、という心配であった（ちなみに、当時は「天皇制」という言い方は一般的でなく、「君主制」と呼ばれていた）。これに対して丸山は、君主制は共和制と対立する概念で、政治形態を民主主義的なものに変えることは、必ずしも天皇をどうしようということじゃないから安心してほしい、と答える。

これはもちろん参謀に媚びての言葉ではない。当時の丸山は本当にそう思っていたのである。それに、イギリスの立憲君主制などを見れば、たしかにそう言える。国家主義的な動向と戦い続け、終戦の直前にポツダム宣言の全文を新聞で読んだときには、「基本的人権」という言葉に体の中がジーンと熱くなるほど感激したという丸山だが、その一方で天皇裕仁や近代天皇制への思い入れは深く、天皇制を廃するなどということは毛頭考えていなかった（座②二〇七頁、座③二九八頁）。このときはまだ、丸山における思想的革命は始まっていない。

その後、丸山に召集の解除が下されたのは九月十二日のことである。列車を乗り継いで十四日に東京へと戻ってきた丸山は、家族にろくに挨拶もしないまま、帰宅するなり母の位牌に歩みより、「只今帰りました」と言ってワッと泣き出したという（書①三二頁）。

そして復員したのち、丸山はただちに大学に復帰する。東大の校舎は幸い空襲の被害を免れ、配属先や勤労動員から続々と学生たちが戻っていた。しかし、戦災による住宅難や食糧難で休学を希望する者が多く、また、大学側もすぐには学生を受け入れる態勢が整わなかったことから、丸山もしばらくは疎開させていた図書を書庫に戻す作業などに加わっていたという。丸山が大学で講義を再開できたのは、翌年の一九四六（昭和二十一）年十月のことである。

終戦直後の思想的格闘

一九四六年、丸山は雑誌『世界』（五月号）の巻頭に掲載された「超国家主義の論理と心理」で天皇制の精神構造を批判して華々しく論壇に登場するが、いわゆる戦後民主主義者としてイメージされる丸山は、終戦とともに誕生したのではない。〝戦後の丸山眞男〟の誕生までには、終戦から半年にわたる思想的格闘を経なければならなかった。

　丸山は終戦の年に文章を発表していないため、以下では、残された日記やノート、そして講義の草稿らしき文章の断片から丸山の思索をたどっていくことにしよう。それらのメモの類いからは、丸山が、日本は変わらなければならないという強い危機感をもって、民主主義という問題にとりくんでいたことが読みとれる。例えば丸山は、政治体制としての民主主義の問題点のひとつとして天皇制を挙げ、ノートに次のように記している。

> 昭二〇・一〇・二九
> 我が国デモクラシーの諸問題
> 一、天皇制との関係
> 　安易に解決さるべき問題に非ず。君主政は共和政に対する概念で、民主政は独裁政に関する概念だから、両者矛盾せずなどといふのは形式論にすぎぬ。また我が皇室が原則として民意に基く政治を行つて来たといふことも、最近十年間の歪曲を防ぐ力が皇室になかつた事を顧れば、決して将来への楽観的素材となりえない。むしろ明治以後国体論はつねに藩閥、軍閥、官僚其他封建的＝半封建的勢力の依つて以て「下からの」力の擡頭を抑圧する有効な武器であつた。民主政が民のための政治たるよりも、民による政治を必須要件とする以上、天皇が大権の下に政治的決断を最後的に決定するのでは――よしそれが今度の終戦の場合のごとく結果的に国民の福祉になつ

た場合でも――如何にしても民主制の根本原則に反する。(『自己内対話』八―九頁。傍点は丸山)

このメモからは、天皇制のとらえ方が終戦直後の参謀への〝講義〟の段階から、明らかに脱皮をはじめている様が見てとれる。また、草稿や速記録は残っていないが、丸山は一九四五(昭和二十)年十一月に東大で行われた復員学生歓迎会で、日本軍隊の前近代性や超国家主義について、「軍隊内務令」を引用しながら講演をしている。「超国家主義の論理と心理」に結実するこれらのアイデアは、この時期におよそ形づくられていたと言えよう。

そして、丸山は政治体制としての民主主義の問題にとりくむとともに、日本国民の民主主義や自由の受けとり方を問題視していた。終戦直後には解き放たれたような自由を感じていた丸山だが、復員後には「猫もしゃくしも民主革命といってワァワァいう気分」に反感をもちはじめるようになる(座②二一六頁)。当時の丸山のノートには、「雷同的、貝殻投票的デモクラシー」、「現代日本はデモクラシーが至上命令として教典化される危険が多分に存する」といった言葉が書きつけられている(『自己内対話』一一、一四頁。傍点は丸山)。また、同時期に書かれた復員後最初の講義の草稿[2]は、次のような書き出しではじまっている。

われわれは今日、外国によって「自由」をあてがはれ強制された。しかしあてがはれた自由、強制された自由とは実は本質的な矛盾――contractio in adjectò――である。自由とは日本国民が自らの事柄を自らの精神を以て決するの謂に外ならぬからである。われわれはかゝる真の自由を獲得すべく、換言するならば、所与としての自由を内面的な自由に高めるべく、血みどろの努力を続けなければならないのである。（講②一八一頁）

丸山が問題視するのは、自由がいわば「配給された自由」であるという点にある。「配給された自由」とは、河上徹太郎（一九〇二―八〇年）が国民の自由の受けとり方を風刺した言葉であるが、丸山は河上との問題意識の共通性よりも、戦争中に羽振りのよかった河上が何の断りもなく現れ、左翼に批判されたお返しにこう述べたことに、激しい憎悪を抱いていた（臼井・鶴見・本多・丸山 一九六四、一二九頁、座⑦一〇四―一〇五頁）。このことは、丸山にさらなる思索を課したと考えられる。

また、同時にそこで生じた気負いは、丸山が自身を「復古的」と評するような、戦前との一貫性を強調する態度となってあらわれた。それは戦後はじめて発表した「近代的思惟」という文章に顕著であり、丸山はその短文を次のような書き出しで始めている。

私はこれまでも私の学問的関心の最も切実な対象であったところの、日本に於ける近代的思惟の成熟過程の究明に愈々《いよいよ》腰をすえて取り組んで行きたいと考える。従って客観的情勢の激変にも拘わらず私の問題意識にはなんら変化がないと言っていい。（「近代的思惟」、集③三頁）

ザラ紙、ガリ版刷りの小冊子に掲載されたこの文章は、丸山が自身の研究態度、学問的関心が戦前と全くもって変わりないことを示した所信表明と言えよう。

これらの民主主義や天皇制についての問題意識は、戦後日本の復興の歩みに沿って丸山が展開する論の軸となるものである。その意味で〝戦後の丸山眞男〟の要素はこの時点でほぼ出揃っているとも考えられよう。しかし丸山は、まだ完全に〝戦後の丸山眞男〟となるには至っていない。〝戦後の丸山眞男〟は、翌一九四六（昭和二十一）年のあるときに痛棒をくらわされ、それによって誕生する。

憲法改正草案の発表と「八月革命説」

その痛棒とは、一九四六年三月六日に政府が発表した憲法改正草案要綱である。

大日本帝国憲法の改正は、前年の十月四日にダグラス・マッカーサー（一八八〇―一九六四年）が東久邇宮稔彦《ひがしくにのみやなるひこ》内閣（一九四五年八月十七日―十月九日）の近衛文麿（副総理）に憲法改正を示唆したことに始まる。ちょうどこの頃、丸山は憲法改正について意見を求められた田中耕太郎（一八九〇―一九七四年）（法学者、元・東大法学部長）に同行して首相官邸を訪問し、近衛と歓談したという（集⑮六四頁）。しかしその後、戦犯指定が及んだ近衛は服毒自殺し、憲法改正は幣原喜重郎《しではらきじゅうろう》内閣（一九四五年十月九日―四六年五月二十二日）において松本烝治《じょうじ》（一八七七―一九五四年）（国務相）を委員長とする憲法問題調査委員会のもとですすめられていった。これに応じ、東大内でも南原繁が憲法研究委員会を立ち上げて帝国憲法の逐条審議を開始し、丸山はそこで書記役を務めていたという[3]。

だが、憲法改正の動きは、一九四六年二月一日に『毎日新聞』が憲法問題調査委員会の改憲要綱をスクープしたことで一気に加速する。これにより、いわゆる「松本案」が天皇大権を認め、多くの条項で大日本帝国憲法を踏襲するものであることが明らかになると、マッカーサーは即座にＧＨＱ民政局に「限定的君主制、戦争放棄、封建制度の廃止」の三原則に基づいた憲法改正草案の作成を命令した。草案はたった六日で作られ、GHQに提出された「松本案」の拒否とともに、日本側に手渡される。そして、このGHQ草案を翻訳したものが政府案として、一九四六年三月六日に発表された。

新憲法案に人々は驚いた。人々を驚かせたのは、何よりも第一条の国民主権である。この時期に国民主権を主張していたのは共産党だけで、国家に主権があるとする国家法人説の考えが大多数であった。当時、国民主権という考え方は、それほどまでに急進的なものだったのである。しかも、保守的かつ反動的と評される幣原内閣がその国民主権を発表したため、驚きはなおさらであった。驚いたのは、東大の憲法研究委員会のメンバーたちも同様である。早速、政府草案の逐条審議にとりかかるが、対案を準備する間もなく、政府草案は帝国議会へと提出された。

丸山が政府草案の発表で思い知らされたのは、端的に言えば、「終戦」を機とした自己変革の甘さであっただろう。そして、憲法研究委員会において丸山はひとつの説を提出するとともに、さらなる自己変革を経験していると私は考える。その説とは、「八月革命説」である。

「八月革命説」は、宮沢俊義《としよし》（一八九九―一九七六年）（憲法研究委員会委員長）が丸山の承諾を得て自身の論文「八月革命と国民主権主義」（『世界文化』一九四六年五月号）で発表したものだが、[4] その焦点となったのは、政府草案の大前提である国民主権主義が、それまでの大日本帝国憲法の神権主義と原理的に相容れないという問題であった。本来、こうした根本原理の変革を憲法改正手続で行なうことは憲法上許されない。そこで、両者の原理的な相容れなさを結びつけるものとして登場するのが、「八月革命」という考え方である。

一九四五年八月、日本政府はポツダム宣言を受諾した際、統治権は連合国最高司令官に従い、政治形体は日本国民の自由に表明される意思によって定めるべきという要求を了承した。「八月革命説」は、これを日本が国民主権を受諾したことを意味すると解し、日本政府も天皇もなしえない「革命」と捉える。憲法も天皇制も形式的にはそのままであったが、降伏によってひとつの革命が行なわれ、国家の根本は完全に変更された。一九四六年年頭の天皇の「人間宣言」も政府の憲法改正も、この「八月革命」を前提としてのみ可能になるわけである。

このとき国家の根本原理の変革、生まれ変わりを発見した丸山は、自身の精神においても実は変革され、生まれ変わっていなければならないことに気づかされたに違いない。こうして丸山の「八月革命説」の発見は、丸山自身の革命をも促し、丸山は生まれ変わりを果たしたと私は考える。

また、丸山における「八月革命」が民衆との交流のなかで行なわれていることを、ここでは加えて指摘しておきたい。この時期、丸山はしばしば静岡県の三島に通い、一般の人々を対象として主に民主主義をテーマとした講義を行なう活動をしていた。「庶民大学三島教室」が、それである。

発案者はマルキストの木部《きべ》達二《たつじ》(一九一五—四八年)で、東大法学部の法律資料整備室に勤務し、戦中は深川の労働者とひそかに『資本論』の読書会をするなどしていた人物である(集⑮一六五頁、集⑯四一一頁)。彼の家族の疎開先が三島であり、木部の活動を東大法学部の若手教官たちが支援した。第一回は、一九四五年十二月に三島神社で行なわれている。終戦直後、国民には異常なまでの学習熱があり、全国各地で「文化講座」、「自由大学」といった集まりが開かれていた。庶民大学三島教室もそのひとつで、「大学」といっても、むしろ集会や話し合いに近い。

境内の畳の部屋で、丸山ら講師たちは近所の人々と頭をつきあわせて民主主義について語り合った。丸山によれば、そのときの民衆の真剣な態度はほとんど想像を絶するもので、ものすごく熱心に話を聞き、吸い取り紙がインクを吸い取るように知識を吸収したという。参加者たちは決して知ったかぶりをせず、分からないことは分からないとはっきり言う。そういう雰囲気のなかで、丸山はまるで明治維新を追体験しているように感じた。これらの経験を通じて、のちに丸山は、飽食の時代に空洞化した戦後民主主義に対し、生活難に直面しつつ極めて真剣に民主主義的な世の中を作ろうとしていたこの時期の「飢餓デモクラシー」を、戦後民主主義の原点とするのである（集⑮六二―六三頁）。

丸山はちょうど敗戦による生まれ変わりの時期にあたる一九四六（昭和二十一）年二月から四月にかけて、庶民大学で計八回の講義をおこなっていた。この「講義」という名の対話において、丸山が自己変革の過程で獲得した思想や理解の深まりを語る相手役を果たしたのが、一般の民衆たちである。庶民大学三島教室は、いわば丸山における思想的格闘という自己変革の化学反応が、実験室の真空状態ではなく、人々との対話や交流のなかで生じる役割を果たしたと言えよう。

「超国家主義の論理と心理」

丸山が、岩波書店の雑誌『世界』の編集長である吉野源三郎（一八九九―一九八一年）から論文執筆の依頼を受けたのは、一九四五年の年末から年始にかけてのことであった。無名な一研究者である自分のもとに、著名な吉野が論文を頼みにきたことに、丸山は大変驚いたという。[5] しかし、丸山はすぐには論文にとりかからずに放っておいた。手をつけたのは、政府が憲法改正草案を発表した直後の一九四六年三月中旬である。つまり、ちょうど丸山における「八月革命」というべき自己変革が起き、生まれ変わりを果たした時期にあたる。丸山は、そのすべてを論文執筆にそそぎこみ、わずか数日で「超国家主義の論理と心理」を一気に書きあげた。

「超国家主義の論理と心理」は、連合国によって超国家主義と称される日本の体制について、特にその思想構造を示した論文である。以下に、その内容を紹介しておこう。

丸山はこの論文で、日本が超国家主義とされる所以《ゆえん》を示し、そこから発生する心理的な病理現象（心理）と世界像の必然的な展開・帰結（論理）を明らかにしていく（第一節）。

丸山が示す日本の超国家主義の〝超〟たる所以とは、真理や道徳などの価値が個人の良心に委ねられず、国家がその究極的実体として存在していたことにある。西欧の近代国家は、思想・信仰・道徳など個人の内面のことは「私事」として保証し、「公」たる国家の基礎を形式的な法機構に置く。だが、「私事」と「公」の線引きがない日本の場合、国家が個人の内面に介入すると同時に、私的利害が国家の内部へと無制限に侵入する（第二節）。

日本の国家はいかなる道義的基準にも服さないが、それは絶対主義とは異なる。なぜなら、絶対主義の場合は王の決断によって是非善悪が定まるが、日本の場合は天皇自らのうちに絶対的価値が体現しているからである。いかなる行動も即ち正義となり、また権力は絶えず倫理的に粉飾され、中和されて現われる。そこでは天皇との距離こそが価値基準となるのである（第三節）。

天皇への直属意識は、軍に顕著であるように、独善意識やセクショナリズムを生む。そのうえ主体的な判断ではなく、上官や天皇の心情を推し量って行動がおこなわれるため、責任意識や独裁観念が生じない。代わりに責任意識のないヒエラルヒーにおいては、上からの圧迫を下に暴力的に発散することによって全体のバランスが維持される。征韓論や台湾派兵、そして大東亜戦争での皇軍の蛮行は、そのあらわれなのである（第四節）。

要するに、権威の中心的実体である天皇もまた、実は主体的な行為者ではない。無限にさかのぼる伝統の権威（皇祖皇宗）と一体になってはじめて、絶対的価値が体現する。そして、皇室の天壌無窮性という縦軸（時間性）と天皇の威光の世界的な拡大（空間性）が、互いの絶対性を保障し高めあう。それこそが超国家主義の論理である。しかし、日本軍国主義に終止符が打たれた八月十五日、日本国民はいまやはじめて自由なる主体となったのである（第五節）。

以上のように論旨をまとめるとどうしても整然としてしまうが、この論文を実際に読んだときに受ける印象はそのようなものではない。丸山はもちろんある程度の構想をもって執筆にのぞんだのであろうが、あらかじめ決められた論旨をそのまま歩くのではなく、一歩ごとに浮かぶアイデアが飛び去らないようにつなぎとめ、また一歩ごとに溢れるパッションを封じ込めながら論文を執筆している、という印象を受ける。論文の一行一行から感じとれるのは、新たな〝戦後の丸山眞男〟が誕生するエネルギーと覚悟だ。

だが、この論文について、丸山の戦後の生まれ変わりの側面ばかりを見れば片手落ちとなろう。同時にそれは、戦前の丸山の問題意識とも一直線につながっている。端的に言えば、「超国家主義の論理と心理」は、未完成に終わった戦前の国民主義論文（「国民主義理論の形成」）を下地としている。丸山が国民主義論文において、当時の体制への批判をこめて示す予定であった明治国家の問題点を、そのまま大日本帝国の問題点として提示したのが「超国家主義の論理と心理」だと言えよう。

後年、丸山は「超国家主義の論理と心理」について、次のように述べている。


この論文は、私自身の裕仁天皇および近代天皇制への、中学生以来の「思い入れ」にピリオドを打った、という意味で――その客観的価値にかかわりなく――私の「自分史」にとっても大きな劃期となった。敗戦後、半年も思い悩んだ揚句、私は天皇制が日本人の自由な人格形成〔…〕にとって致命的な障害をなしている、という帰結にようやく到達したのである。〔…〕のちの人の目には私の「思想」の当然の発露と映じるかもしれない論文の一行一行が、私にとってはつい昨日までの自分にたいする必死の説得だったのである。私の近代天皇制にたいするコミットメントはそれほど深かったのであり、天皇制の「呪力からの解放」はそれほど私にとって容易ならぬ課題であった。(「昭和天皇をめぐるきれぎれの回想」、集⑮三五頁。傍点は丸山)

丸山は、「八月革命説」という国家の根本原理の民主主義革命を発見するとともに、自身における民主主義革命を果たし、その誕生のエネルギーによって「超国家主義の論理と心理」を執筆した。それは同時に、天皇制に対する決別でもあったのである。

しかし、このときの丸山は、実は自分が天皇制と完全に決別できていないことを知るよしもなかった。丸山がそのことに気づかされるのは、この四年後のことである。

第四章　民主化のパラドクス

――第一期：占領下の時代（敗戦〜一九五〇年）

〈第一期〉の社会背景

敗戦によって生まれ変わった丸山は、ここから一九六〇年前後にかけて、代表的な論文を次々と執筆していく。この期間は、丸山の三十代から五十代にあたり、学者としてもっとも脂がのっていた時期である。そして、後述するように、この時期の丸山は主に政治学者として立ちまわり、彼の存在は安保闘争（一九六〇年）や著書『増補版 現代政治の思想と行動』（未来社、一九六四年）を通して広く社会に認知され、現在の一般的な丸山眞男像が形成されるに至った。

そこで以下の部分では、第一期（敗戦〜一九五〇年）、第二期（一九五〇年〜五五年）、第三期（一九五五年〜六〇年）に区分し、丸山の多岐にわたる論考を系統別に分類しながら、それぞれの時期における丸山眞男の思想と行動の軌跡を追っていきたい。本章では、〈第一期〉をとりあげる。

「超国家主義の論理と心理」の執筆により、いわば過去との決別を果たした丸山は、関心を過去から現在・未来へと移し、新しい日本のあり方を論考の対象としていく。その方向性は、逆コース（戦後民主化政策の反転のこと）の明確な危険性を感じとる一九五〇（昭和二十五）年の夏まで変わらない。まずは、〈第一期〉の論考を検証するうえで、丸山の活動の背景となる社会情勢や生活環境から見ていくこととしよう。

〈第一期〉は、日本が占領下にあった時期とほぼ重なる。占領下の日本は、アメリカの庇護のもとに国際関係から遮断されるなかで、国家体制の変革や復興などの国内問題を最重要課題として、民主化政策を着々と実行していった。日本国憲法の公布、農地改革、財閥解体、選挙法改正（婦人参政権）、軍国主義者の公職追放など、一九四五年、四六年にはこれらの改革が一斉に行なわれ、メーデーやデモも復活している。

では、日本の民主化はいつまで続き、いつから反転したのか。一般的には、一九四七（昭和二十二）年の「二・一ゼネスト」の中止がその端緒と目されることもある。「二・一ゼネスト」の中止とは、GHQの命令により、伊井弥四郎《いいやしろう》（一九〇五―七一年）（全官公庁共闘議長）がラジオでゼネストの中止を涙ながらに指令した事件である。しかし、ヨーロッパでは東欧諸国が、アジアでは中国と北朝鮮が社会主義陣営に加わり、米ソ間の冷戦が激化するのは一九四八年頃からであり、日本が冷戦構造に組み込まれて民主化政策が反動化していくのは、それ以後と見るべきであろう。後年の丸山は、二・一ゼネストの禁止は治安維持措置で、急激に逆コースが現われてくるのはマッカーサーが自衛権の容認を声明し、朝鮮戦争が勃発する一九五〇年であるとの見解を示している（集⑮五七―五八頁）。具体的に逆コースの脅威が丸山の論文にどのように現われてくるのかは、改めてのちに検証しよう。

占領下の日本において、戦争の爪あとは深く、インフレ、食糧難、住宅難など、国民の生活は困窮を極めた。そして、朝鮮戦争による特需をきっかけに経済が上向きとなるまで、生活難から解放されることはなかった。もちろん丸山も例外ではなく、故郷の信州や常磐線方面などへと買出しに出かけ（集③三五七頁）、庶民大学三島教室に出向いた際には、お礼としてお米をもらって帰ってきていた。しかし、丸山にとっては食糧難よりも住宅難の方が深刻であったようである。一九四六（昭和二十一）年の春に妻の実家へと移り住んだが、そこでは一軒に三家族（ときには四家族）が生活しており、丸山はこの生活を一九五二（昭和二十七）年まで六年間にわたって続けることとなる。また、外出用の衣服は、軍隊以来の軍服と軍靴のままであった。

こうした生活のなかで、丸山は学問および社会活動における各種団体、組織の結成に参加していく。一九四五（昭和二十）年十月には、「青年文化会議」を結成（メンバーは、瓜生忠夫：映画評論家、内田義彦：経済学者、桜井恒次：東京大学新聞社、中村哲《あきら》：政治学者など）。また、翌一九四六（昭和二十一）年には、「思想の科学研究会」を設立（メンバーは、鶴見俊輔：哲学者、都留重人：経済学者、武谷三男：理論物理学者、鶴見和子：社会学者、武田清子：思想史家）。清水幾太郎（社会学者）を所長とする「二十世紀研究所」の設立にも参加している。二十世紀研究所は、北陸二十世紀教室などの啓蒙的な活動をおこなっており、丸山は先述の庶民大学三島教室をはじめ、そのほか各地の文化講座や労働組合での講演活動や、母校一高での特別講義など、様々な社会的活動に携わった。そして、丸山によれば、大衆啓蒙活動を熱心におこなううちに、それを媒介として学者同士の結びつきができたという（座⑨一一〇頁）。さらには、民主主義科学者協会（一九四六年）、未来の会（一九四八年）、日本政治学会（一九四八年）、平和問題談話会（一九四九年）などの結成にかかわり、丸山は積極的な活動と連帯を目指した。

また、丸山の本業である大学での東洋政治思想史講座も、一九四六（昭和二十一）年十月にようやく再開される。そこで丸山は、江戸時代における近代的な思惟様式の発達と、明治時代のナショナリズムについて、一年ごとにくり返すかたちで講義をおこなっている。〈第一期〉の丸山の各論文は、このような社会情勢、生活環境、および諸活動のなかから生まれるのである。

〈第一期〉の丸山の所論

〈第一期〉の丸山の主張や問題意識は、「主体性」、「ファシズム研究」、「政治学」という三つのテーマに分類することができる。そのうち「主体性」については、さらに三つの論点から構成されており、まとめると以下のようになる。

a　主体性
　(1)　個人と国家の関係
　(2)　主体性論（精神の変革とそのエネルギー）
　(3)　思考様式
b　ファシズム研究（超国家主義研究）
c　政治学

それぞれのテーマや論点は重なり合う部分もあるが、丸山が論じる民主主義や天皇制の問題をはじめとして、日本思想史に関する論考も、目の前にある政治的・社会的な問題を扱った時事論文も、およそこれら三つのテーマに行き着く。以下の部分では、a〜cの要素を明確にあらわしている代表的な論文をとりあげ、その内容を見ていこう（なお、座談や講演については、適宜必要に応じてとりあげる）。

a 主体性

「主体性」とは、根源的には「人間とはいかにあるべきか」、「いかに自らが行動して社会にかかわり、ありうべき世界をつくるか」という問題である。これを終戦直後の日本の文脈で言えば、いかに自分たちが新たな精神で新たな国家をつくるかということになるが、占領下の日本では、民主化・近代化の革命が連合国によって外部からおこなわれただけに、民主主義革命を推進していく主体がなおさら問題となり、多くの論者たちの議論の対象となった。これらの議論は、「主体性論」、「主体性論争」などと呼ばれる。

また、別の観点から述べれば、「主体性論」は、中世社会の共同体に埋没していた個人が「市民」としてひとり立ちしていくという、西洋歴史哲学の文脈で言う「近代」の問題につながっている。つまり「主体性」は、アメリカが主導する革命にいかに主体的にかかわるか（主体的にかかわることができるのか）というアポリアのなかで、民主化の問題とともに、明治以来の日本の近代化の問題について論じたものでもある。

この「主体性」の問題について、国家との関係を論じたものがa－(1)「個人と国家の関係」であり、「主体性」の問題そのものを論じたものがa－(2)「主体性論（精神の変革とそのエネルギー）」である。エネルギーが関係するのは、丸山が主体性の問題について、主体が有する「やる気」のような活力を重視しているからである。エートスにも通じるこの問題についてはあとで述べる。a－(1)とa－(2)は、特に前者が民主化、後者が近代化の問題に対応しているとも言えよう。a－(1)とa－(2)に関連して、主体的であることに伴う思考法、思惟方法について論じたものがa－(3)「思考様式」である。

a－(1)　個人と国家の関係

主体性について、個人と国家の関係では、丸山は「デモクラシーとナショナリズムの結合」を主張する。つまり、国民と国家の関係において、国民の主体性は国家の国際社会でのスタンスと不可分であるととらえ、国家にばかり重点をおくことなく、国民と国家が偏りなく両輪として機能しなければならないと言う。これはいわば、丸山がしばしば引用する福沢諭吉の「一身独立して一国独立す」を、戦後日本において言い換えた主張である。[1]「一身独立して一国独立す」は後進国の近代化が直面する課題であり、その意味で明治維新の福沢と占領下の丸山は似た状況に立たされていたと言えよう。

なお、「ナショナリズム」という言葉が持つ響きは、独立が失われていた終戦直後と、国力を完全に回復した高度経済成長期と、「国家」という枠組みの揺らぎを目撃した一九九〇年以後では（ベルリンの壁やソ連の崩壊など）、大きく異なる。丸山がここで言う「ナショナリズム」の意味を正しく受けとるためには、時間を巻き戻し、終戦直後の文脈で受けとらなければならない。

丸山は一九五四（昭和二十九）年に刊行された『政治学事典』（平凡社）の「ナショナリズム」の項目において、「ナショナリズムは本来きわめてエモーショナルでかつ弾力的な概念であるため、抽象的に定義することは困難」であり、「同じ概念のもとに一方では自由と独立が、他方では抑圧と侵略が意味され」るとしたうえで、「あるネーションの統一、独立、発展を志向し押し進めるイデオロギーおよび運動」という一応の定義を与えている（集⑥三〇三頁）。もちろん、丸山の「デモクラシーとナショナリズムの結合」の主張においても、「自由と独立」が意味されていることは言うまでもない。

丸山の「デモクラシーとナショナリズムの結合」の主張がもっとも顕著にあらわれているのは、一九四七（昭和二十二）年二月に発表された「陸羯南《くがかつなん》――人と思想」である。当時の日本は、敗戦のショックで一種の〝日本アレルギー〟の状態にあり、「日本」というイデオロギーは封建的反動と結びつけられていたが、そのなかで丸山は明治二十年代の日本主義運動が進歩的かつ健康であったことを主張する。「陸羯南」の論旨は次のようなものである。

――羯南の日本主義は、日本国家を個人自由と国家権力との正しい均衡の上に発展させ、政治をどこまでも人民に基礎づけようとした、進歩的で健康なものであった。そして、多くの民権論者が国家と手を結んでいく中で、羯南は政治を人民に基礎づける立場原則を貫き、真の意味でインディペンデントであった。羯南の思想には封建性への批判が甘いという限界が指摘できるものの、羯南の日本主義が意図したデモクラシーとナショナリズムの結合は、日本の近代化の方向について本質的に正しい見通しである。今こそ、正しい国民主義運動が民主主義革命と結合しなければならない。――

この「デモクラシーとナショナリズムの結合」の主張は、〈第一期〉の丸山の論考の主旋律を成している。一九四六（昭和二十一）年の二つの書評（「西欧文化と共産主義の対決」、「ラッセル『西洋哲学史』（近世）を読む」）と歴史学研究会における講演「明治国家の思想」（のち一九四九年に発表）、一九四七（昭和二十二）年の「陸羯南」、一九四八（昭和二十三）年の「自由民権運動史」、一九四九（昭和二十四）年の「近代日本思想史における国家理性の問題」、これらはいずれも丸山が「デモクラシーとナショナリズムの結合」について論じたものである。

さかのぼれば、個人と国家の関係性について、丸山はすでに大学時代に書いた緑会論文で個人の国家に対する否定的独立を主張しており（集①三一頁）、出征直前に書いた未完成の国民主義論文は、デモクラシーとナショナリズムのバランスが明治時代に傾いていく様を検証しようとするものであった。つまり、これらの戦後に発表した「デモクラシーとナショナリズムの結合」を訴える論文は、未完成の国民主義論文の延長線上に書かれているとも言えよう。

a－(2)　主体性論（精神の変革とそのエネルギー）

次に挙げるのは、「主体性」に関して、「精神の変革とそのエネルギー」について述べたものである。これは「個人と国家の関係」を述べたａ－(1)に対し、個人であれ国家であれ、ともかく主体そのものを対象としており、丸山の「主体性論」のもっとも中心的な部分にあたる。

ただし、〈第一期〉の丸山は、主体性を「個人と国家の関係」において論じることが多く、主体そのものについて論じた文章は、民主化や近代化とは何かを分かりやすく説いた啓蒙的なものがほとんどである。論文形式のもので、この問題についてもっともよく論じているのは、『福沢に於ける『実学』の転回――福沢諭吉の哲学研究序説」（一九四七年）であろう。その論旨は次のようなものである。

――一般的に、福沢における伝統的な学問意識の革命的な転回は、学問の実用性という点にあるととらえられがちだが、それは正しくない。それならば旧態の学問にもあった。ここでの転回とは、倫理学から物理学への転回、つまり道学を生む精神から、近代の数学的物理学を生む精神への転回である。旧態の世界では自然法則と規範が未分の状態にあったが、環境に対して主体性を自覚した精神がはじめて、「法則」を「規範」から分離し、「物理」を「道理」の支配から解放したのである。福沢は、実験的精神に富み、行動的実践性をもった物理学主義へと学問を転回させ、またそれを教育の根底におくことで、主体的な人間の育成を志したのである。――

もちろんこれは福沢について論じた文章だが、近代的な人間とは何か、そして主体性とは何かを示すものである。丸山は敗戦を契機として、明治維新以来の日本が完全には成しとげられていない「近代化」とそこでの精神的な変革を達成すべく、このような論文を書いているのである。

また、丸山は主体性を論じる際に、精神の変革をもたらす〝やる気〟や〝エネルギー〟のようなものを問題としていた。「主体性論」が盛んな最中におこなわれた座談会「唯物史観と主体性」（『世界』一九四八年二月号）における丸山の発言には、それがよくあらわれている。

主体性の問題については、荒正人《あらまさひと》（一九一三―七九年）や平野謙（一九〇七―七八年）ら雑誌『近代文学』の同人、そして大塚久雄（一九〇七―九六年）、川島武宜《たけよし》（一九〇九―九二年）、丸山眞男らのアカデミズム内部のリベラル、さらにはマルクス主義者たちが、それぞれの観点から議論を展開していた。座談会「唯物史観と主体性」では、特にマルクス主義者の真下信一（一九〇六―八五年）、松村一《かず》人《と》（一九〇五―七七年）と、非マルクス主義者の丸山と宮城音弥《おとや》（一九〇八―二〇〇五年）（心理学者）が、「主体性」について激しく主張を戦わせている[2]。

座談会は、ユネスコ憲章の「戦争は人々の心からはじまる」という文言や、前号の『世界』に掲載された「ユネスコにおけるフロイトとマルクス」という論文の検討からはじめられる。ここで議論されているのは、戦争は資本主義の矛盾から起きるのか、それとも人の心が起こすのか、という科学と心理の問題である（なお、「マルクス」と「フロイト」は、それぞれ「科学」と「心理」を象徴的に表している）。当時、科学的な十全性をもつとされていたマルクス主義に対し、心理の問題についての洞察が不足しているのではないかとの疑問が呈されており、出席者たちは、科学と心理（＝客体と主観）という枠組みで「主体性」を論じていった。

しかし、これに対して丸山は、「主体性」はそのような枠組みに回収されないと反論し（座①一〇一頁）、エートスこそが主体性を構成する不可欠な要素だと主張する（座①一二二、一四〇頁）。丸山の言う「エートス」とは、内面的自我の実現、あるべき人間という目標へと向かう原動力のことである（座①一二四、一二六、一二七頁）。それは、平易な言い方をすれば、理想へ向かって突き進んでいく「やる気エネルギー」のようなものだと言えよう。

このように丸山の主体性論は、「精神の変革」の必要性を説くにとどまらず、その変革を推進して理想へと向かっていく活力としての「やる気エネルギー」を問題にしている。そして、丸山が rational と irrational、moral と emotional の中間に位置する（講⑤三一三頁）と規定するエートスを、主体性を構成する不可欠な要素とする以上、丸山の主体性論では、非合理性と合理性をいかにして媒介するかということが中心的な問題となるのである。[3]

a－(3)　思考様式

丸山の「主体性」に関する論考のうち、最後に挙げるのは、主体的であることに伴う考え方や、主体性を生み出す考え方について論じたものである。この「考え方」について、思惟方法、思考方法、思惟様式、思考法、さらには哲学など、丸山はさまざまな呼び方をしているが、ここでは思考様式という表現に統一しておく。「ラスキのロシア革命観とその推移」（一九四九年）や「ニーバーについて」（一九四九年）にもそうした問題関心はあらわれているが、この問題をもっともよく論じているのは「福沢諭吉の哲学」（一九四七年）である。

第一章で紹介したように、同論文で丸山が福沢諭吉の思考様式とするのは、価値判断の相対性である。価値は常に具体的状況との関係において決定され、いかに問題を解決するかに価値が見出される。福沢のおこなう主張や批判は、すべてその時々の具体的状況に対する処方箋としてなされたものなのである。このような相対的な価値判断は、強靭な主体的精神を前提としてはじめてなされており、福沢の思考様式は、人間精神の主体的能動性を尊重したものである。丸山はここで、福沢の思考様式を抽出するかたちで、主体的行動をとる際にあるべき思考様式を描いていると言えよう。

以上の「主体性」に関する三つの論点を総括すると、〈第一期〉の丸山は、ありうべき(1)「個人と国家の関係」や(3)「思考様式」について多く論じており、その核心にあたる(2)「主体性論」、すなわち精神の変革や主体性そのものについてはあまり立ち入らず、啓蒙的な文章がほとんどであることが分かる。

これはおそらく、日本の生まれ変わりに際して、丸山にとって人々をあるべき方向へと導くことが最大の課題であったと同時に、主体性を説くという行為が一種の矛盾を抱えていることが原因だろう。つまり、人々に主体的な行為をさせるということは、たとえば「自分からちゃんと勉強しなさい」と親が子を叱ってやらせるのと同じで、やりすぎると、主体的ではなくなってしまう。

終戦後の自由や民主主義の受けとり方に疑念を抱いてきた丸山は、その矛盾や困難を見据えたうえで、人々の主体性が喚起されることを目指し、あるべき思考様式を描くという方法をとっているのである。

b　ファシズム研究

次に、「ファシズム研究」についてとりあげる。

ファシズム研究とは、日本ファシズム、超国家主義についての思想や精神構造の面からの分析であり、「超国家主義の論理と心理」（一九四六年）の延長線上に位置する。〈第一期〉の丸山は、「日本ファシズムの思想と運動」[4]（一九四八年）と「軍国支配者の精神形態」（一九四九年）の二つの論考を残しているが、ここでは代表的な論文である後者を見ていこう。

「軍国支配者の精神形態」は、戦争へと導いた支配層の精神構造と行動様式を描いた論文であり、丸山は当時行なわれていた東京裁判の速記録を借り受け、それを資料として分析を行なった。同論文で丸山が指摘するのは、ナチの指導者と比較すると、日本の軍国指導者には主体的責任意識が稀薄だと

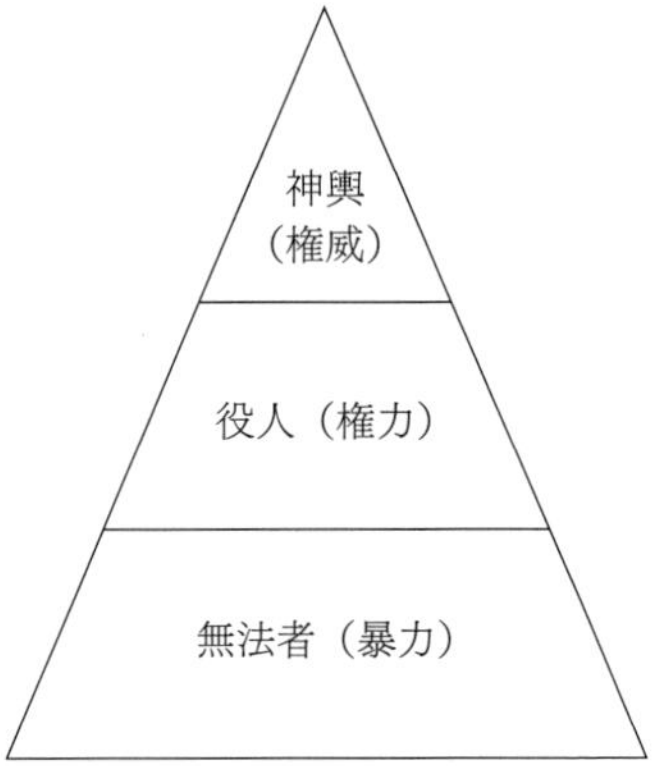

図2

いうことである。そして、東京裁判における被告の自己弁護の論理は、「既成事実への屈服」と「権限への逃避」によって構成されていると指摘する。

「既成事実への屈服」とは、既に決まった政策には従わざるを得なかったとか、既に開始された戦争は支持せざるを得なかった、と考えることをいう。こうして軍国指導者たちは、自らが現実を作り出すことに寄与しながら、現実が作り出されると今度は逆に周囲や大衆の世論のせいにする。一方の「権限への逃避」とは、責任を問われている事項が、自身の権限の範囲に属さないとする態度のことをいう。軍国支配者はどんなに政治的に振舞っても、不利なときには職務権限に従って行動する専門官吏になりすます。そうして他に責任をなすりつけ、結局、責任主体が宙に浮くのである。

丸山は論文の最後に、日本型ファシズム支配の「無責任の体系」の素描を試みている。そこで政治的人間像の基本的類型とされるのは、上位から順に「神輿《みこし》」、「役人」、「無法者」の三つのタイプであり、それぞれ権威、権力、暴力をあらわす（図2を参照されたい）。

この体系において、「役人」は「神輿」から下降する正統性をもとに人民を支配するが、「無法者」にはひきずられる。よって、行動の端緒は最下位の「無法者」によって開かれ、「役人」と「神輿」

は既成事実に屈服していく。「神輿」はしばしば単なるロボットでしかない。しかし、神輿－役人－無法者という序列自体は強固であり、無法者のままでは上位に立てず、役人や神輿へと変容しなくてはならない仕組みになっているという。

これらの〈第一期〉の日本ファシズム研究は、「超国家主義の論理と心理」が問題の所在を示すだけであったのに対し、より具体的な事象をとりあげて分析をすすめたものである。a「主体性」との関係でいえば、「主体性」の形成を日本において阻んできたものを追究する作業であると言えよう。

c　政治学

最後に、「政治学」についてとりあげる。

丸山は日本政治思想史を専門とする学者であるが、終戦直後は、もともと少なかった政治学者たちが戦争中の言動のために追放になったり、自発的に辞職するなどして、丸山までが政治学のいろいろな問題を扱わざるをえなくなったという。また、丸山本人にも、戦中に象牙の塔に閉じこもる形で学問の自由を守ったことへの自己批判や、新たな政治学をつくっていくという気負いがあった（集⑫一〇九頁）。そのため〈第一期〉の丸山は、本来の思想史家としての活動よりも、政治学者としての活動が目立つようになる。

広い意味で言うと、これまでに見たa「主体性」、b「ファシズム研究」も、政治学的な論考であることに間違いない。しかし、ここで区分するc「政治学」は、丸山がおこなった「新たな政治学」を立ち上げるべきという主張と、それに関連して「政治とは何か」という根本的な問題を追った文章に限定する。「科学としての政治学」(一九四七年)、「人間と政治」(一九四八年)、「政治学入門」(一九四九年) などがこれに該当する。

政治学者としての丸山が目指したのは、政治学の独立と科学性であった。丸山は東大法学部の政治学科に属していたが、そこでの中心はなんといっても法律学である。また、戦前の国家主義的な動向のなかでともにリベラルの牙城を守っていた経済学部は、マルクス主義経済学によって隆盛している。丸山はこのような状況にあって、法律学と経済学に対するコンプレックスから、なんとかして政治学を独立した学問分野にしたいとの気持ちが強かったという(『自由について』一六〇頁)。

また、従来の政治学の方法論議の不毛性や、イデオロギーによってすべての問題に解答が与えられていくような現状を打破すべく、政治を科学的に検証していく「科学としての政治学」を発展させていかねばならないと丸山は考えていた。特に、経済学の「商品」にあたるものとして「権力」を政治学の基礎概念に設定し、政治状況を分析するという「純粋政治学」なるものを構想していたのである(座④九九—一〇〇頁)。

これらの丸山の問題意識は、「科学としての政治学」(一九四七年) によくあらわれている。同論文はアピール性の強い文章であり、丸山は現在ある日本の政治学の非力を宣告し、「科学としての政治学」を立ち上げることを主張している。しかし、ここではアピールに徹していて、新しい政治学の具体的な内容にはふれていない。丸山が〈第一期〉において構想する政治学は、こののちに形になっていく。

以上、a〜cに示した〈第一期〉の丸山の所論をまとめると、それらはみな、日本が新たなスタートをきった時代を反映して、新しい日本の国家、国民、学問について、未来に向けて論じたものであると言えよう。また、占領下という特殊な状況下にあって、ほとんど世の中の動きに左右されずに、丸山の考え方が原論のようなかたちであらわれている。ここで原論としてあらわれた丸山の思想は、日本が冷戦構造に組み込まれていくなかで直面する危機に応じて様々な変容を見せていくことになる。

〈第一期〉丸山眞男著作分類表

テーマ	該当する論文及び座談会
a　主体性	
a-(1)　個人と国家の関係	「西欧文化と共産主義の対決」(1946 年) 「ラッセル『西洋哲学史』(近世) を読む」(1946 年) 「陸羯南」(1947 年) 「自由民権運動史」(1948 年) 「明治国家の思想」(1949 年) 「近代日本思想史における国家理性の問題」(1949 年)
a-(2)　主体のエネルギー	「西欧文化と共産主義の対決——ラスキ『信仰・理性及び文明』について」(1946 年) 座談会「唯物史観と主体性」(1948 年)
a-(3)　思考様式	「福沢諭吉の哲学」(1947 年) 「ラスキのロシア革命観とその推移」(1949 年) 「ニーバーについて」(1949 年)
b　ファシズム研究	「日本ファシズムの思想と運動」(1948 年) 「軍国支配者の精神形態」(1949 年)
c　政治学	「科学としての政治学」(1947 年) 「人間と政治」(1948 年) 「政治学入門」(1949 年)

第五章　奪われた全盛期

——第二期：「逆コース」の時代（一九五〇年〜五五年）

〈第二期〉の社会背景

第一期（敗戦～一九五〇年）の丸山は、新生日本が進むべき道やあるべき姿を説くなかで、次第に息苦しさや困難を感じ始めていた。それはいわば、内部と外部の両面からの圧迫である。

内部からの圧迫とは、丸山自身を含め、人々の心に巣喰う権威信仰的な思考に気づかされることを指す。それは、主体的な精神とは正反対のもので、思考様式の固定化であり膠着である。福沢諭吉の言葉で言えば、「惑溺」と言えよう。

一方、外部からの圧迫とは、いわゆる「逆コース」（戦後の民主化に逆行する傾向）である。丸山が逆コースの動きを国内外の情勢や新聞の論調などから感じるようになったのは、一九四九（昭和二十四）年の秋頃であったという（集④三一四―三一五頁）。これはちょうど東西冷戦の緊張が高まるなかで（中国では共産党政権が樹立する）、レッドパージ（赤狩り）と日本の講和独立問題が顕在化してきた時期にあたる。この年の夏に起きた、国鉄の人員整理に端を発する下山事件、三鷹事件、松川事件では、労組や共産党に多くの逮捕者を出し、同年九月には教職員に対するレッドパージが始まった（追放者は約千七百人）。また、講和独立問題については、十一月にアメリカ国務省が対日講和条約を検討している旨を表明すると、吉田茂首相はいわゆる「単独講和」（西側諸国とだけ講和条約を結ぶこと）にも応じると返答し、一九五〇（昭和二十五）年のマッカーサーの年頭の辞における「自衛権の容認」へとつながっていく。

逆コースの動きを感じはじめたちょうどその頃、丸山は「肉体文学から肉体政治まで」（一九四九年十月）という、登場人物のAとBがおもしろおかしく放談する問答体形式の文章を書いている。

ここで丸山が指摘するのは、近代精神とは、フィクション（つまりは「うそ」）を尊重して現実において機能させる精神であるのに、文学にせよ政治にせよ、日本ではフィクションを生み出す精神が欠けており、そのような社会はファッショ的権力に感染しやすい、ということである。そうした主張が、A「即物性を無視したイマジネーションなら精神病院にゴロゴロあるよ」、B「えらいことになっちゃったね」というような調子のやりとりのなかで展開されていく。丸山は前年のエッセイ風の文章でもたびたび、主体性の確立が思うように進んでいかない状況に対してはっぱをかけるように、人々の権威信仰について指摘していたが、「肉体文学から肉体政治まで」からは、事態をより問題視してきている様がうかがえる。問答自体はおもしろおかしくとも、丸山は内心では決して笑っていなかったはずである。

そして翌一九五〇（昭和二十五）年の夏、丸山の余裕は完全に消える。

この年の六月に、朝鮮戦争が勃発。たちまち、アメリカ本土で吹き荒れるマッカーシズム[1]に呼応するように、日本でもGHQが大規模なレッドパージを開始し、七月には新聞、通信社、NHKなどのマスコミから七百二名の共産党員とその同調者が追放された。このとき丸山は、執筆予定であった時事通信社が企画するシリーズ「二十世紀日本文明史」の担当編集者が解雇されたことに抗議して、同社に執筆拒否を通告している。[2] さらに九月には、政府が公務員のレッドパージの方針を決定し、返す刀で十月には、戦争協力を問われた一万人以上の公職追放者の解除を決定する。

当時、巷《ちまた》ではレッドパージが予想される教官として、丸山の名が挙げられていたという。丸山は共産党員ではないが、その同調者というくくりで、レッドパージの標的は際限なく拡大されていく。しかもこうした動向は、国民に肯定的に受けいれられていた。

逆コースとの戦い

そこで丸山は、「ある自由主義者への手紙」（一九五〇年九月）という激烈な文章を書く。この文章は、丸山が旧友の「ある自由主義者」からもらった手紙に返事を書くという、フィクション風の体裁がとられたものであった。しかし丸山にみなぎる切迫感は、たとえば戦中の危機的状況において、内に秘めた悲壮感をぶちまけた「神皇正統記に現われたる政治観」（一九四二年）に比するものがある。「ある自由主義者」への丸山の手紙の内容は、およそ次のようなものである。

――君は、現代の全体主義たる共産主義と戦うべきだと言う。そうした態度を決然と示すべきだと言う。確かにいま、知識人は思想的立場を明らかにすべきだろう。

私の考えを述べれば、日本の民主主義は権威をもって臨むボス的支配によって内部から腐食されており、そこではイデオロギーとして掲げた「自由主義」や「民主主義」の看板と実際の行動にギャップが生じている。そのことをリアルに認識することなくして、政治的状況の真の判断はできない。私は、強靭に民主化を阻む権威関係を破壊し、大衆の自発的能動性を解放するため、政治的状況をリアルに認識し、近代化を進める方向にそのつど賛成していく行動をとる。現在においては、エセ民主主義による抑圧を危険と判断する。――

この「ある自由主義者への手紙」において、丸山はこれまで自身に課していた禁を犯した。それは偽善、自己欺瞞を暴くことである。

丸山は、日本という国はヨーロッパでいうならドイツのように、偽善ではなくシニシズムに陥りやすいと認識しており、丸山のバランス感覚（＝「哲学」）はそうした日本の本来的な傾向をなぞることを自身に固く禁じてきた。ここでその禁をやぶり、エセ自由主義者の偽善、自己欺瞞を指摘したことは、逆コースにより完全に丸山をとりまく状況が変わり、また丸山も〈第一期〉の論述のスタンスを改めたことをあらわしている。よって、「ある自由主義者への手紙」をもって、丸山は〈第二期〉に移行したと私は規定したい。

また、「ある自由主義者への手紙」は、同時期に執筆された「三たび平和について」（一九五〇年十二月）とセットの関係にある。眼前にある事態を、日本国内レベルで論じたものが「ある自由主義者への手紙」、世界レベルで論じたものが「三たび平和について」である[3]。

「三たび平和について」は、平和問題談話会が発表した東西対立と独立講和問題についての声明であり、丸山はその第一章と第二章の執筆を担当した。平和問題談話会（代表：安倍能成《よししげ》）とは、当初は平和問題を科学的に考えることを目的に、雑誌『世界』編集長の吉野源三郎の呼びかけで一九四九（昭和二十四）年に結成されたものであるが、次第に冷戦の激化の影響が日本に強く及ぶにあたり、アクチュアルな時事問題を取り扱うようになっていく。平和問題談話会はこれまでに二度、平和や講和問題についての声明を出しており、今回が三回目にあたっていた。

この声明の第一章で丸山は、核の時代となった今、戦争は手段としての意味を失っており、戦争反対の理想主義的立場こそがむしろ現実的である、と主張する。これは「平和共存なんて言うのはナンセンスだ」という当時の風潮に対し、「いかに思考するかが現実を動かすのだ」と反論するものである。そして第二章では、東西の「二つの世界」の対立は武力的衝突を必然とするものではないこと、またその並存を高度化しうることを示し、われわれのとるべき基本的態度として、二つの世界からの「中立」を主張する。

ここでの「中立」とは、東西のどちらにも属さないという「立場」の問題であるとともに、イデオロギー的対立の図式を絶対化してしまうような考え方に反対する「思考様式」の問題でもある。丸山はこの中立論を、「おれは中立だ。ほかの国はしたければ勝手に戦争をしろ」というスイスの中立論とは違い、戦争を避けるために働きかける「積極的な中立論」として用意した(集⑮三二九頁)。

内なる天皇制との決別

これら「ある自由主義者への手紙」と「三たび平和について」は、いずれも民主主義や平和が壊されることに反対すると同時に、人々が物事を柔軟に考えられない状況(＝思考様式の固定化)をほぐそうとする文章である。それは、丸山が逆コースやレッドパージを外からの圧迫であるとともに、内からの圧迫として捉えていることをあらわしている。一九四八年頃から早くも主体性の確立の滞《とどこお》りを感じていた丸山は、逆コースに肯定的な反応を見せる国民を目のあたりにして、人々の心、そして自分の心の中にもある権威主義的な精神と完全に決別しなければならない、と強く気づかされたことだろう。

丸山はのちに一九五二（昭和二十七）年の座談会「日本人の道徳」（『教育』三月号）において、鶴見和子（一九一八―二〇〇六年）の「天皇制というのは、天皇が雲の上にいるということじゃなくて、私たちひとりひとりの心の中に、天皇がいるのじゃないか」という発言に対し、自身の中にある「天皇」の大きさを告白しながら、やっとこの二、三年で決別を果たしたと述べている。この証言は、丸山が一九四六年三月に決別したはずであった天皇制と実は決別できておらず、逆コースの時期に、そのことに気づかされて改めて決別を果たしたことを示すものである。

整理すれば、丸山が一九四六年に決別した天皇制は、政治体制としての天皇制であり、ここで改めて決別を果たした天皇制は、思考様式における天皇制であると言えよう。

しかし、レッドパージと東西対立のさなかで戦っていた丸山は、一九五〇年十二月のある日、胸部の異常に気づいた。結核の発症である。これにより、丸山は左肺患部の焼灼《しょうしゃく》手術（悪い部分を焼いてとりのぞく治療法）と入院療養を余儀なくされる。朝鮮戦争の激しい攻防のなかで、日本の再軍備と西側陣営にくみこまれるかたちでの独立が決定していく時期に、丸山は病床で無念の思いを抱えて過ごすこととなった。

その後、一九五二年四月にようやく大学に出講できるほどに回復するものの、一九五四年一月には左肺結核がシューブ（肺内転移）をおこして再入院となる。二度目の手術は、左肺上葉切除、胸郭成形手術という大がかりなものであり、丸山は結局一九五六年まで、ほぼ活動休止状態とならざるをえなかった。丸山は逆コースとともに、自身の病魔とも闘っていたわけである。

そこで、以下では、「ある自由主義者への手紙」を端緒に逆コースと戦った時期を〈第二期〉として、丸山の所論を見ていこう。〈第二期〉の丸山は結核のせいで思うように仕事ができず、予定されながら書かれなかった論文も多いが、一方で、切迫感を持って鋭い論考や時評を執筆している。二度の入院により、壮年期のもっとも貴重な時間と仕事は失われたが、ここでは残された断片から丸山が取り組もうとしていたことの輪郭をつかんでいきたい。なお、〈第二期〉の文章の分析にあたっては、丸山が〈第一期〉に提出した論考を〈第二期〉の世界と日本の社会情勢に対応させていかに展開したのかを見るため、先に提示したa〜c（「主体性」、「ファシズム研究」、「政治学」）の枠組みを引き続き用いる。

「一身独立して一国独立す」型の平和論

〈第一期〉の丸山は、主体性の問題を「個人と国家の関係」のなかで論じていたが、〈第二期〉においてもそれは変わらない。特に〈第二期〉では、社会情勢の変化に対応して、新たな「デモクラシーとナショナリズムの結合」の構築を丸山が目指していることが諸論文から読みとれる。以下の部分では、〈第二期〉の丸山の「主体性」に関する論述について、まずはじめにa-(1)「個人と国家の関係」と、a-(2)「主体性論（精神の変革とそのエネルギー）」に関してまとめて検証する。

丸山は「三たび平和について」と同時期に執筆した「日本におけるナショナリズム」（一九五一年一月）という論文で、次のような内容のことを述べている（なお、文中に登場する「レーゾン・デートル」とは、「存在理由」という意味である）。

――敗戦により大日本帝国の「国体」の価値が崩壊したとき、「国体」はすべての価値の総合体であったために日本には虚脱感が蔓延した。国民の多数は今なお日本が世界の中で一体いかなるレーゾン・デートルを持つかについての答えを持っていない。新たな使命感の獲得に成功しない限り、発展は望みえないだろう（集⑤七一―七三頁）。――

では、日本が新たに持つべき「レーゾン・デートル」や、その具体的なビジョンとして、丸山はいかなるものを想定しているのか。それはおそらく、「三たび平和について」で主張されている「中立」という立場であろう。これは国際社会における日本の新たな使命感に十分なりうるものである。しかし、「中立」という新たな指標を示すだけでは足りない。なぜなら、人々の気持ちがその目標へと結集しなければならないからだ。丸山は、福沢諭吉の言う「一身独立して一国独立す」においても、その主体性は非合理的なエネルギーを根源としていることを説く。その主張を、〈第二期〉の福沢論からひいてみよう。

――合理的なものが非合理的なものを駆逐する過程に進歩を見た福沢だが、国際社会の非合理的な現実に直面して、あえて非合理な「偏頗心《へんぱしん》」に国民的独立の推進力を求めていった。有名な「瘠我慢《やせがまん》の精神」[4]の論理もこれに通じている。しかし福沢において、非合理的なものは美化されたり、合理化されたりしたことはなかった。福沢は非合理的なものをどこまでも非合理的なものとしながら、その内に潜む生命力《ヴァイタリティー》が、ある条件の下においてはかえって客観的に合理的な結果を生み出していくという、逆説的な事実に着目したのである（「福沢諭吉選集第四巻 解題」、集⑤二三六頁）。――

つまり福沢の場合は、非合理的な偏頗心（かたよった思い込み）を、独立のためのエネルギーとしたわけだ。そして丸山も福沢と同様に、「中立」を日本の新たな指標として、そこに国民の感情やエネルギーを結集したいと考えている。しかし、丸山の判断によれば、それにはかなりの困難が伴う。なぜなら日本にはそうしたエネルギーが不足しているからである。

逆コースとそれに対する人々の反応を見て、丸山は国民の主体的なエネルギーの不足を感じ、またその要因を模索したと考えられる。丸山はその要因について、日本的な理由、世界的な理由、現代的な理由の三つを想定しているが、あとのふたつは後述するとして、ここでは日本的な理由について述べておきたい。

日本に由来する主体的なエネルギーの不足の原因として丸山が想定するのは、日本がアジアで唯一、ナショナリズムについての処女性を失っているということである。これは日本とアジア諸国との近代化の違いに原因がある。後進のアジア諸国は、外圧によって開国を迫られたときに、「敵」の文明で武装しなければ自身を保てないというパラドックスにさらされるが、日本だけは西洋文明の精神と科学技術を切り離し、後者だけを移入するという使い分け（＝和魂洋才）によって、列強と肩を並べるほどに発展した。

しかしこの近代化は、旧体制の支配層が担い手となった「上からの近代化」である。上から効率的に創り出されたナショナリズムは、やがて奇形化してウルトラナショナリズムとなり、日本は惨憺たる結末を経験する。こうして、アジア諸国はナショナリズムが若々しいエネルギーに満ちているのに対し、日本ではすでにエネルギーが不足している（「日本におけるナショナリズム」、集⑤五九―七〇頁）。要するに、日本は国を立ち上げる「やる気エネルギー」を一度おかしな形で使ってしまったため、中途半端に近代化をおこなわなかったアジア諸国とは異なり、ガス欠状態にあるというのだ。

では、何を新たなエネルギーとすればいいのか。それは、丸山の論文や活動から読みとる限り、「平和を守りとおす強い決意」だと私は考える。丸山は一度目の結核の療養中に、東西対立を上塗りするかたちでのサンフランシスコ講和条約締結に寄せた「病床からの感想」（一九五一年十月）という文章で、自身の戦中の体験に触れつつ、次のように述べている。

――戦時中、客観的な報道がなく、目かくしのまま望ましくない方向へぐんぐん引張っていかれることに抵抗できない無力感は、ひねくれた心理となり、海外誌に「反日」的な記事をあさってそれを友人知己にふれまわるというアブノーマルな精神に陥った。しかし、アブノーマルはどこまでもアブノーマルで、そうした精神的な自慰からは積極的に現実を押しすすめる力は生れてこない。あれから十数年後の現在、われわれはまた極めて一方的な報道と見解の大波に飲みこまれようとしている。いまこそ、〝真相〟へと逃避して「それみろ」と鬱憤を晴らすのではなく、平和を守りとおす強い決意をもって積極的に現実を押しすすめるべきである（「病床からの感想」、集⑤八〇―八一頁。傍点は引用者）。――

また、翌年に戦前の論文をまとめた『日本政治思想史研究』(東京大学出版会、一九五二年十二月)を刊行した際のあとがきでは、丸山は、遺書のつもりで論文を書いたという召集前夜の情景を描いている。「机に向って最後の仕上げを急いでいる窓の向うには国旗をもって続々集って来る隣組や町会の人々に亡母と妻が赤飯の握りを作ってもてなしている光景は今でも髣髴として浮んでくる」(集⑤二九三頁)。このような論述には、平和を守りとおすのだという丸山の強い意志、もしくはその必要性への切実な訴えが込められていると私は考える。

これらの論述や活動から、〈第二期〉の丸山が、日本が「平和を守りとおす強い決意」をエネルギーとして、「中立」の役割を果たさんとする使命感を持ち、新たなナショナリズムを形成するべきだと考えていることは明らかであろう。「平和を守りとおす強い決意」は、戦争体験から生じる反省、後悔、もうこりごりだといった感情など、非合理的なものを根源としている。福沢が、非合理的な偏頗心を独立のためのエネルギーとしたように、丸山も非合理的なものの逆説的な働きを期待しながら、「平和を守りとおす決意」をエネルギーとして「中立」を成し遂げようとしているのである。しかも「偏頗心」をエネルギーとして国家主義へと傾いていった福沢と比べても、丸山の「平和を守りとおす強い決意」は、非合理的エネルギーとしてクリーンで正当なものであるに違いない。

「思考様式の固定化」への批判

次に、「主体性」に関するもうひとつの論点である「思考様式」について見ていこう。

〈第一期〉の丸山は、たとえば福沢諭吉を分析するかたちで、あるべき思考様式を示す方法をとっていたが、その方法は〈第二期〉にも引き継がれている。「三たび平和について」における「中立」の主張が、国際社会における国家としての態度のみならず、あるべき思考態度をあらわしていることはすでに述べたとおりである。しかし、レッドパージという「外部からの圧迫」と同時に、思考様式の固定化という「内部からの圧迫」を強く感じていた〈第二期〉の丸山は、その状況を直接的に批判して打開することを試みた。「ある自由主義者への手紙」や「三たび平和について」などアピール性の強い文章で警告しているのは、まさにそのことである。また、サンフランシスコ講和条約（一九五一年九月）に際しては、次のように述べている。

　一時の情勢やスローガンに捉われずに、幅ひろい弾力的な考え方をすることが、いかに必要であるか、〔…〕「ものの見方」の弾力性にとぼしいことと、一辺倒的行動とは密接な関係があるに違いない。われわれがそうした固定的な思考態度を脱却しない限り、今後何度でも国際政治から手ひどいしっぺがえしを受ける破目になろう。（「病床からの感想」、集⑤八四―八五頁）

だが、逆コースは悪化の一途をたどる。一九五二（昭和二十七）年には、首相の吉田茂（一八七八―一九六七年）が再軍備に向けて「自衛のための戦力は違憲にあらず」と発言し、同時期に成立した日米行政協定（国会承認の手続きなしに米軍に基地を提供するとりきめ）は、その内容も成立の仕方も、とても独立や民主主義とはほど遠いものであった。軍国主義者たちの公職追放も解除され始め、復権した議員が加わった改進党は第二野党となり、日本の独立に際しては公職追放令自体が廃止され、岸信介《のぶすけ》（一八九六―一九八七年）らが社会復帰を果たす。民自党（吉田茂が所属）でさえ極右だと言っていた丸山は、このような現状を目の前にして、あせりといらだちを隠せない。

一度目の療養を終えた丸山は、日本の独立に際して執筆した「『現実』主義の陥穽」（一九五二年）という文章で、議論の底流にある人々の思考様式、思考態度として「既成事実への屈服」を指摘し、そのような考え方を拒絶しようと呼びかけている（集⑤一九四―二〇〇頁）。つまり、ここにきて、〈第一期〉に軍国支配者の思考様式として抽出された「既成事実への屈服」は、ついに国民全体にまであてはめられるのである。

その後も丸山は、粘り強く、人々の思考様式の固定化をほぐそうと試みる。そして、批判の方法を時評や批評のレベルにとどめずに、思考様式が固定化する要因を学問的な研究によって明らかにすべく、さらに深部へと追究をすすめる。それは、逆コースに際して気づかされた、丸山自身と人々の心の中にある天皇制との徹底対決を意味していた。『日本資本主義講座』（岩波書店）に予定されていた論文は、〈第二期〉の問題意識を集大成し、「超国家主義の論理と心理」のようにアカデミックとアピールの両面を備えた、代表的な論文となったはずである。しかし、結核の肺内転移が発覚して二度目の入院を余儀なくされた丸山は、この論文を執筆することができなかった。

代わりに、同論文のために丸山が主宰した研究会のメンバーであった日高六郎（一九一七年生）、升《ます》味準之輔《みじゅんのすけ》（一九二六―二〇一〇年）、高橋徹《あきら》（一九二六―二〇〇四年）が分担執筆した論文「旧意識の温存と変容」は、思考様式を固定化する元凶である旧意識を「天皇」意識と「醇風美俗《じゅんぷうびぞく》」に分類し、それらが八・一五を越えていかに戦前から戦後へと受け渡され変容しながら温存されたか、戦後の民主化や反共といかに手を結んだか、を多彩なデータを用いて具体的に示すものである。文中には、丸山的な問題意識のみならず、丸山的な表現も散見し、「超国家主義の論理と心理」文末の丸山の主張を改めてとらえなおすかのような次の一文で論文は結ばれている。「八・一五は決して《旧意識》崩壊の日ではなく、それは《旧意識》克服のための出発の日であったことを、われわれは決して忘れることはできない」（日高・升味・高橋 一九五四、二六八頁）。

思考様式の固定化は、〈第二期〉の丸山が最大のターゲットとした問題であった。日本における逆コースと世界における東西対立のなかで、丸山はその固定化現象を、日本的、世界的、現代的なそれぞれの要因の複合として考えるようになる。そこで〈第一期〉に丸山が提出したa「主体性」、b「ファシズム研究」、c「政治学」という論点は、固定化した思考様式を打開するために動員されることとなった。それぞれ、「主体性」はナショナリズム研究として日本的な固定化を、「ファシズム研究」は世界的な固定化を、「政治学」は現代的な固定化を分析する手段として用いられたのである。

ファシズム研究の進展

〈第二期〉のファシズム研究には、「ファシズムの諸問題」（一九五二年）、「ファシズムの現代的状況」（一九五三年）があるが、そのうち中心的な論文は前者である。

「ファシズムの諸問題」は、戦前戦後を通じ、洋の東西にわたってあらゆるバリエーションで現われる反動的な政治現象から、できるだけ一般的な形で「ファシズム的なもの」を抽出し、その発展法則の究明を試みた論文である（集⑦一一頁）。「〇〇的なるもの」とは、〇〇のエッセンスや核心を示そうとするときに丸山が用いる用語である。つまり丸山はここで、ファシズムをファシズムたらしめる要素を抽出しようと試みているわけである。

この論文で、丸山はファシズムを、二十世紀における反文明的なもののもっとも尖鋭で戦闘的な形態であると断ずる。ファシズムは社会体制などではなく、単に異質分子を排除せんとする無限運動なのである。よって、近代憲法や議会制があるからといって、ファシズム的な支配がないとは言えない。ファシズムは、単に客観的事実の問題ではなく、意識の次元の問題なのである。また、ファシズムは、恐怖の子であるとともにその生みの親でもあり、特に同質的な社会ほど異質な要素に過敏に反応するという。

丸山はこのようにファシズムの本質を抽出する一方で、ファシズムの発生についても分析を加えている。丸山によれば、ファシズムは民主化のテンポや強弱に応じて発展するもので、民主的な社会ほどファシズムも大衆的な組織化を迫られて「下から」発展し、反対に民主的でない社会では「上から」のファシズムが進行する。ただし、戦争の危機が切迫している場合は、常に「上から」のファシズムが急激に進行する。たとえば戦前のドイツ、イタリア、スペインは「下から」型であり、戦前の日本や一九五二年当時のアメリカは「上から」型と腑分けされる。

以上のとおり、〈第二期〉の丸山は、〈第一期〉の日本ファシズム研究、超国家主義研究から、分析対象を世界へと広げている。そして、ファシズム体制の分析にとどまらず、「ファシズム的なもの」の抽出に挑んでいる。これは、先にも述べたように、世界的な現象としての思考様式の固定化について、ファシズム研究の分野から分析し、現状の打開を試みたものである。〈第一期〉の日本ファシズム研究では、思考態度における病理は軍国支配者に限られ、特にそれは退廃期の絶対君主制に共通する運動法則とされていたが、〈第二期〉におけるファシズム研究の進展にともない、日本ファシズムは社会全体の現象とされ、また、各国にあらわれたファシズムのひとつのバージョンとして位置づけられるようになるのである。

「科学としての政治学」の礎

〈第二期〉の丸山の政治学に関する研究成果としては、『政治の世界』（御茶の水書房、一九五二年）と『政治学事典』（平凡社、一九五四年）が挙げられる。

『政治の世界』は、様々な政治現象をできるだけ単純なかたちに還元して、政治的状況における力学と法則を示すことを試みたものである。丸山が示す法則とは、第一に、政治的状況における紛争を解決に導くものは政治権力だということである。この法則は以下のように図式化して示される。

C——P——S

（Cは Conflict：紛争、Pは Power：権力、Sは Solution：解決）

一方で政治権力は自己目的化するため、次のように展開する。このあたりは、カール・マルクス（一八一八—八三年）の『資本論』をもじったものである。

P—C—S—P′（P∧P′）

（政治権力は自己目的化して拡大していく）

そして国家の政治権力は、「支配従属関係」↓「権力の正統化」↓「権力の組織化」↓「権力及び社会的価値の配分」と循環する。政治権力はこれらの諸価値が均衡を保ったときに最も良く安定し、対して均衡状態が失われる程度に応じて権力の変革にいたるという。

　　　Power
（C—）D—L—O—d（—S）

（DはDomination and subjugation：支配と従属、LはLegitimation：正統化、OはOrganization：組織化、dはdistribution：配分）

以上のようにして、政治における法則を図式化した『政治の世界』は、〈第一期〉で宣言した「科学としての政治学」の一つの試みであると言えよう。

また、『政治の世界』では現代社会の問題として、「政治化」と「無関心」という問題が挙げられている。それは、日常生活が政治にますます影響されるようになる一方で、人々が政治的な問題に関心を失って受動的になる現象のことであるが、『政治の世界』で抽出された政治の共通法則は、これらの現代的な問題を分析し、解決するための手がかりとなる。こうして丸山は、現代的な現象としての思考様式の固定化について、政治学の分野から分析し、現状の打開を試みているのである。

一方、丸山が中村哲《あきら》（一九一二―二〇〇三年）、辻清明《きよあき》（一九一三―九一年）とともに編集を担当した『政治学事典』も、同様の意図のもとに編纂されていると言えよう。序文には、次のような言葉がある。

政治現象の科学的究明は、世人の強く要望しているところである。おもうに、従来これを欠いていたがために、国民の政治的関心は、ともすれば淡い主観的希望や臆測に托せられ、これが裏切られるや、そのまま急転して政治的無関心の世界に閉じこもり、政治を暗い手にゆだねることになったのである。（中村・丸山・辻 一九五四、一頁）

つまり、国民が政治現象の意味を知ることができれば、偏った考え方をしなくなるということだ。そして同時に、この事典は、〈第一期〉以来丸山が政治学者として目指していた「政治学の独立」のひとつの達成を示している。丸山は、特にマルクス主義経済学によって説明されていた政治的現象について、イデオロギーにとらわれない分析をおこなうことで、政治学という分野の存在意義を再建したのである。『政治学事典』において丸山は、「イデオロギー」、「オポチュニズム」、「シニシズム」、「政治」、「政治権力」、「政治的無関心」、「ナショナリズム」、「軍国主義」、「ファシズム」などの項目を担当し、過去の研究を参照しつつも、その問題を独自にゼロから考えていくようなユニークな分析をほどこしている。

しかし、実は〈第二期〉の丸山は、〈第一期〉に宣言した「科学としての政治学」や「政治学の独立」の礎《いしずえ》を着々と築きながらも、内心ではその仕事に行き詰まりを感じ始めていた。なによりも、「純粋政治学」というものは成り立たないのではないかと疑念をもちはじめていたのだという。その理由について丸山は「自分でもよく分からない」としながらも、政治学の科学性を以前ほど強調する必要がなくなったことや、逆コースにおいてデモクラシーが奇妙に奉られ、彼自身が政治学の基礎概念とした「権力」の存在が一般的に後退したことを挙げているが（座④一〇〇頁）、この点については次章で再説しよう。

以上のように〈第二期〉の丸山は、一九五〇年代前半の逆コースや東西対立という事態に対応して、〈第一期〉における各研究分野での論考を発展させ、具体化させている。ただし、結核にともなう入院のために満足のいく活動ができず、その論考の発展を思うような形で論文に残すことができなかった。[5] しかし、このとき丸山は入院療養の体験のなかで、新たな問題意識をつかんでいたのである。

60年）丸山眞男著作系列表

b　ファシズム研究	c　政治学
戦前の超国家主義の研究 「日本ファシズムの思想と運動」1948年 「軍国支配者の精神形態」1949年	**科学としての政治学の提唱** 「科学としての政治学」1947年 「政治学入門」1949年

「ファシズム的なもの」の抽出 「ファシズムの諸問題」1952年 「ファシズムの現代的状況」1953年	**科学としての政治学の実践** 『政治の世界』1952年 『政治学事典』1954年

における日本のナショナリズム研究、b：ファシズム研究、c：政治学研究は、すべ

新たな視点でのファシズム論 「現代における人間と政治」1961年	**政治学との離別（日本思想史への回帰）** 『現代政治の思想と行動』1956-57年 「政治権力の諸問題」1957年

するために、日本思想史研究へと回帰する。

戦後期（1945 年～

第一期	a　主体性		
	(1)個人と国家の関係 「陸羯南」1947 年 「明治国家の思想」1949 年 “デモクラシーとナショナリズムの結合”	**(2)主体のエネルギー** 「唯物史観と主体性」1948 年	**(3)思考様式** 「福沢諭吉の哲学」1947 年

↓

第二期	**“一身独立して一国独立す”型の平和論** 「ある自由主義者への手紙」1950 年 「三たび平和について」1950 年 「日本におけるナショナリズム」1951 年 「病床からの感想」1951 年	**「思考様式の固定化」の批判** 「『現実』主義の陥穽」1952 年

＊この時期の丸山がもっとも問題視したのは「思考様式の固定化」であり、a：主体性
て「思考様式の固定化」の批判に動員される。

第三期	（個人と国家の関係について論じなくなる）	**主体的エネルギーの抽出** 「反動の概念」1957 年 「忠誠と反逆」1960 年	**「思考様式の固定化」の原因究明** 「日本の思想」1957 年 「思想と政治」1957 年 「開国」1959 年 「近代日本の思想と文学」1959 年

＊「思考様式の固定化」を単に批判するのみならず、その原因をより深く分析して打破

第六章　政治学者としての終焉

——第三期：経済成長のはじまり（一九五五年〜六〇年）

結核による二度の入院

丸山の結核による入院療養は計二回。一度目は一九五〇（昭和二十五）年末の胸部結核の判明から一年以上（入院は八ヵ月）にわたり、二度目は一九五四（昭和二十九）年一月の結核の再発（肺内転移）から約二年半（入院は計二年）に及んだ。つまり、丸山は第二期（一九五〇年〜五五年）の半分以上を入院療養で過ごした計算になる。

最初に結核が発症したとき、丸山は絶対に手術が必要だと言われたが、手術はイヤだとダダをこねた。「手術をしなければ寿命はあと一年だ」と言われてようやく覚悟を決めたが、必要とされた胸部整形手術ではなく、焼灼《しょうしゃく》手術で手をうっている（集⑫二九五頁、上原 一九九五、六頁）。そのせいか、再発したときはかなりの重症であり、その後の手術で左肺の上葉を切除し、肋骨を六本半摘出した。当時、丸山は四十歳。医師からは「五十歳までもつかどうか」と言われたという（書⑤一三五頁）。

一九五〇年頃は、結核による死亡者数は顕著に減少していたものの、患者の数はむしろ増えていたといわれる。当時、結核は依然として「死にいたる病」であり、各地に結核患者が入院する療養所も多く存在していた（高三 二〇〇四、二七六―二七八頁）。丸山は入院生活の大半を東京都の国立中野療養所で過ごしているが、入所時には「国立療養所というべくあまりにもオンボロな建物の内部におどろいた」という（集⑫二九三頁）。のちに丸山はこの療養所生活を、高校生のときの留置場体験、戦中の軍隊体験と並ぶ「三つの真空地帯」の一つに数え、次のように述べている。

この三つの社会の人間関係と行動様式にはおどろくほど共通した要素がある。〔…〕戦友と療友との間には、未経験者には容易に分らない一種の連帯感情の共通性がある。それはたんに、プライヴァシーが殆どない共同生活の経験に発しているというにとどまらず、戦友も療友も死に直面するという「運命共同体」的経験を共有しているのである〔…〕。なおその生活のなかでは日常社会の社会的身分、職業、地位の区別が一切消滅して、同じカマの飯を喰った「仲間」という意識だけが通用する、という点でも、右の三つの「真空地帯」は類似しているように思われる。
（「中野療養所雑感」、集⑫二九八頁）

以下の部分では、この「真空地帯」の体験を経た丸山の主張や問題意識にあらわれた変化を見ていこう。

療養所体験

私は丸山の療養所体験を、「病気」と「隔離」の二点から読み解いていきたい。

丸山は一度目の入院に際して、友人への手紙に次のように書いている。「とくに同じ病に悩んだ方の御見舞には、まさに文字通りMit-leid（共苦）の念があらわれていて、いままで僕が友人知己のそうした病人にどんなに冷淡だったかをしみじみ反省させられました」（書①一七頁）。このような感覚は、療養所に長期にわたって入院する中で、より強まったことであろう。しかも、「共苦の念」は病気に限らなかったと私は考える。入院を余儀なくされた時期は、丸山が自身の心の中にある「天皇」

の存在に気づかされ、改めて決別した時期と重なる。このことはおそらく学問において、思考様式の固定化などについても、「共苦の念」を忘れることなく当事者性をもって扱うべきだという、ある種の反省をもたらしたと考えられる。そして事実、療養所体験を経た丸山の論考には、そのような変化が見られるのである。

また、療養所体験は丸山にとって、仕事や戦いの最前線から隔離されて引き戻される体験であった。一度目は、逆コースとの戦いの最中にドクターストップがかかり、二度目は、復帰後の仕事がようやく軌道に乗り、いくつかの共同研究をたちあげ、形になろうとする直前のところで療養所に引き戻された。当時の丸山が出した手紙には、「この言葉につくせない口惜しさ、病魔に対するつきあげるようなにくしみ」(書①二九頁。傍点は丸山)との言葉が見られる。しかし、この隔離の体験は、レッドパージの猛威や反動化の緊張のなかでいつの間にかおろそかになっていたことを丸山に再発見させた、と私は考える。つまり、逆コースや東西対立と必死で格闘していた最前線から、"オンボロな"療養所へ閉じ込められると、そこにはそこの生活があり、問題があり、政治がある。これら日常の問題は政治の表舞台には届かず、また、表舞台にいた丸山には日常の問題がいつの間にか見えなくなっていた。

丸山はのちに療養所生活で強く印象に残ったこととして、二度目の入院の際に、患者たちが厚生省の前で座り込みをした出来事を挙げている。厚生省の「入退院基準」の発表が、広く療養所の患者の不安を呼び、中野療養所からも比較的軽症の患者が座り込みに加わった。丸山はこのとき、患者たちから自然発生的に運動が生まれるのを見て、「歴史などには、政党など外部団体による、上から、もしくは外からの指令なしに、自然発生的に起った大衆運動の例がよく出て来るが、このときの『事件』は私には右のような例についての一つの小さな『実験』を見る思いがした」（集⑫二九七―二九八頁）と述べている。丸山にとって、療養所に閉じ込められ、そこで自然発生的な運動に接した体験は、それぞれの世界の「内」と「外」のコミュニケーションの不全と隔絶に気づかされ、また、かつて庶民大学三島教室のような場所で自身が体験した日常の場での活動の意義を再確認する機会になったと私は考える。

以上のことから、私は、丸山は療養所体験によって「当事者性」、「内」と「外」、「日常の場における政治」という問題を再認識したと総括したい。丸山はもともとそうした感覚や問題意識をもった人物だが、当時は逆コースの緊迫した状況で必死に戦っており、他を省みていなかった。だからこそ、なおさらハッとして、反省させられるところがあったと私は考える。それは肉体的、自省的なものであったために、より深く丸山に刻まれたことだろう。そして、この新たな「真空地帯」体験により、丸山は他の二つの体験（軍隊体験と留置場体験）を改めて思い起こすとともに、そのときの気持ちをもって今ある問題を新たにとらえ直していくのである。

療養中の思想的変化

ただし、療養所体験で得た問題意識が、丸山の論考にすぐにあらわれたわけではない。一度目の入院から復帰した一九五二年頃は、反動化と東西対立はまだ緊迫した状況にあり、丸山は入院前と同じ緊張感をもって事態を論じている。丸山の論考に変化があらわれはじめるのは、朝鮮戦争が終息を見て休戦協定の調印にいたる一九五三（昭和二十八）年である。この年の一月に発表された「新演に寄す」は、新演劇研究所が野間宏（一九一五―九一年）の『真空地帯』を上演した際のパンフレットに載った小文であるが、そこで丸山は、軍隊の問題を自分の中に潜むものの暴露、自己変革の形で扱うべきだと述べている（集⑤二九七頁）。

また、同様の問題意識は、同年に発表された小文や書評にも見られ、そのうちのひとつで丸山は次のように述べている。

> 歴史を学んでいるものの一人として私がいつも感じることは、対象の内側からの把握を通じてそれを突き抜けて行くことのむつかしさということである。〔…〕一つの世界の外側に住んでいる人間が外側からその世界を超越的に批判することは比較的易しいが、それではその世界の内側に住み、その世界のロジックと価値体系に深く浸潤されている人々を動かして外に連れ出す効果は弱い。さりとてその世界の内側にくまなく立ち入って理解しようとすると、いつの間にかミイラ取りがミイラになりがちである。〔…〕天皇制やミリタリズムの問題の取扱いの厄介さはそこにある〔…〕。天皇制的な精神病理〔…〕と徹底的に対決し克服するためにはもはや啓蒙主義的な暴露や、モラリスティックな憎悪だけではどうにもならないのはもちろん、いわゆる客観的な機構分析だけでも片附かない段階に来ている。（「野間君のことなど」、集⑥一一―一一三頁）

執筆がかなわなかった『日本資本主義講座』のための論文（日高、升味、高橋によって分担執筆された「旧意識の温存と変容」）は、こうした問題と正面から格闘した論文となるはずであった。しかし、結核の再発により、丸山はこの問題意識をさらに二年以上も、療養所の中で持ち続けることとなる。

そして退院間近の一九五六（昭和三十一）年一月、丸山は「断想」と題した文章を発表する。これは、考えたことをただ書きつけた入院中の日記の断片で、四つの話から構成されている。

ひとつめは、ヴィルヘルム・フルトヴェングラー（一八八六―一九五四年）（指揮者）やピエール・フルニエ（一九〇六―八六年）（チェリスト）など、ナチズムに翻弄された音楽家の話で、そうした状況の「内」側にいる者はいかに行動ができるかというもの。ふたつめは、アレクシ・ド・トクヴィル（一八〇五―五九年）が「内」と「外」の目をあわせもち、どこまでも状況に即しつつも、同時に自由に状況から目を離して物事を見ていたことについて。みっつめは、療養所のことを「外」の人に話すときには自分は「内」だが、重病患者の前では自身の発言は空々しく感じられ、ひとの身になる困難さを改めて知ったという話。最後は、黒人歌手のポール・ロブスン（一八九八―一九七六年）が、めぐまれた環境に育ちながら、差別への感覚が鈍ることを恐れて、〝上品な〟解放組織とは手を結ばずに非妥協的な道を歩み、結局は黒人指導者からも孤立したという話である。

以上の四つの話について、丸山の結論はない。丸山はここで「内」と「外」や「当事者性」についての問題意識を、生《なま》のまま提出していると言えよう。

また、その直後に同じく病床から発表した文章（雑誌『思想』の「思想の言葉」欄に掲載され、のちに「戦争責任論の盲点」と題された）では、「内」と「外」や「当事者性」といった問題意識によって戦争責任論をとらえなおすことを試みている。

ここでまず丸山が主張するのは、戦争責任について、各階層、集団、職業の個々人が日本の戦争をいかなる作為や不作為によって助けたかという観点から、各人の誤謬、過失、錯誤の性質と程度をえり分けて考えていくべきだということである（集⑥一六〇頁）。この主張は、吉本隆明（一九二四―二〇一二年）、武井昭夫《てるお》（一九二七―二〇一〇年）、鶴見俊輔（一九二二―二〇一五年）、大熊信行（一八九三―一九七七年）などによって戦争責任論が再燃していた当時、特に文学者や知識人の戦争責任がとりあげられていたことを意識してのものと考えられる。さらに丸山は、政治的な戦争責任を論じる際に、天皇や共産党を例外にすべきではないと主張している（集⑥一六一―一六五頁）。同論文は、戦争責任論を偏りなく、「当事者性」をもって発展的に論じることを目指したものと言えよう。

丸山はこれらの文章を発表したのち、一九五六（昭和三十一）年四月に療養所を退院し、自宅療養を経て、同年の秋頃からは仕事を再開させ、大学の講義にも復帰する。

〈第三期〉の社会背景

以下、本章では、療養所体験によって得られた丸山の思想的な変化をもとに、一九五六（昭和三十一）年の本格的な仕事復帰から、一九六一（昭和三十六）年に英米の大学に招聘されて日本を離れるまでの時期を〈第三期〉として、丸山の思索の軌跡を追っていきたい。

〈第三期〉は、国内では一九六〇（昭和三十五）年の一時期に安保闘争を経験したが、総じていえば、保守と革新がそれぞれ内部の争いを治めて五五年体制（社会党の統一と保守合同による自由民主党の結成）が確立され、安定的な新たな局面を迎えた時期にあたる。一方、国際情勢においては、例えばスプートニク・ショック（アメリカや西側諸国に衝撃を与えた、ソ連による人工衛星打ち上げの成功）に顕著なように、米ソ両国が軍事科学技術の分野で激しい競争を展開しており、世界は依然として東西の対立構造のなかにあった。安保闘争直前には、スパイ飛行をしていたアメリカのU2型機がソ連に撃墜される事件も起きている。しかし、東側諸国も一枚岩ではなく、一九五六年にはスターリン批判やハンガリー動乱が起こり、やがて中ソの対立も表面化した。これらの事件は、日本の思想界にも大きな影響を与えることになる。だが、その反面、ソ連共産党第一書記のニキータ・フルシチョフ（一八九四―一九七一年）がスターリン批判と同時に平和共存路線を打ちだしたことに明らかなように、東西対立は表面的には緩和する傾向を見せた。日本も一九五六年にソ連と国交を回復して国連への加盟を果たしており、一九五九（昭和三十四）年にはフルシチョフの訪米が実現し、国際平和のための共同声明が出されている。

しかし、これらの国内および国際的な政治情勢以上に〈第三期〉を特徴づけ、〈第二期〉と〈第三期〉を異ならしめるのは、日本の経済成長である。一九五五（昭和三十）年からのかつてない好景気（「神武《じんむ》景気」）のなか、日本の国民総生産は戦前の水準を回復し、戦後復興はさらなる発展へと進んでいった。経済白書（一九五六年）の「もはや戦後ではない」という文言は、戦後の復興特需はもう終わったという意味だったが、逆に、日本の経済発展の新たなステージを意味する言葉として定着していく。そして、続く「岩戸《いわと》景気」と呼ばれる好景気を背景に、一九六〇（昭和三十五）年には首相の池田勇人《はやと》（一八九九―一九六五年）が国民所得倍増計画を発表する。

このような状況のなかで、〈第三期〉の丸山は、療養所体験で持ち続けてきた問題意識を発展させつつ、一方で、もはや戦後ではなくなった世の中への対応をせまられることとなる。以下、〈第三期〉についても、これまで用いてきた「主体性」、「ファシズム研究」、「政治学」の分類に基づいて、それぞれの論点において丸山の論考がどのような変化を遂げたのかを検証していく。ただし、〈第三期〉については便宜上、「政治学」からはじめ、「主体性」、「ファシズム研究」の順に検証をすすめていきたい。

政治学との離別

〈第二期〉の丸山が、〈第一期〉に宣言した「科学としての政治学」や「政治学の独立」を実現する一方で、「純粋政治学」の構想に行き詰まりを感じ始めていたことはすでに述べたとおりである。さらに丸山は、政治学的分析の有効性についても限界を感じていた。つまりこれは、丸山が自身の関心を解明するうえで、政治学という学問(その客観的な分析手法)を必要としなくなったことを意味する。

もとより丸山の関心は、戦前から日本人の思惟様式、特に近代的思惟の成長過程にあった。その姿勢に変わりがないことは、戦後の第一声である「近代的思惟」(一九四六年)で宣言されたとおりである。終戦直後は本来の専門ではない政治学の問題を扱わねばならない事情があり、丸山自身も政治学的な分析を有効と考えていたが、常に論じる先には日本人の思考様式があり、〈第二期〉からは人々の思考様式の固定化が最大の関心事となった。

そしてその過程で丸山は、先に引用して示したように、一度目の入院から復帰した時期において、天皇制的な精神病理を克服するには、啓蒙主義的な暴露や、モラリスティックな憎悪はもちろん、客観的な機構分析でも片づかない段階にある（集⑥一三頁）と述べる。ここに挙げられる「啓蒙主義的な暴露」、「モラリスティックな憎悪」、「客観的な機構分析」とは、まるでこれまでの丸山の姿勢を指しているかのようではないか。つまり、人々の心の中にある「天皇」、権威主義的な思考様式を打開するには、今までの方法では十分でないことが告白されているとも読める。

その後も、丸山は病床から戦争責任の問題を論じ、復帰直後にはスターリン批判について雑誌『世界』に長文を寄せるなど、政治的な問題を扱ってはいるが、これら「戦争責任論の盲点」、「『スターリン批判』の批判」（どちらも一九五六年）では、いずれも政治学的な「客観的な機構分析」がおこなわれることはなく、焦点は完全に思考様式の問題に絞られている。

また、丸山は政治学的分析に限界を感じたのと並行して、一九五六（昭和三十一）年の復帰とともに、これまでに広く政治について論じてきた成果を『現代政治の思想と行動』（未来社、一九五六―五七年）としてまとめる作業にとりかかる。このとき丸山は、それが政治学という学問、政治学的分析との別れであることをどこかで自覚していたのではないだろうか。その傍証となるのは、『現代政治の思想と行動』の巻末に配置された「政治権力の諸問題」という論文である。

これは、『政治学事典』の「政治権力」という項目を書き直したもので、他にも同じ事典の項目を書き換えて執筆した論文はあるが、この論文に限って書き直しが著しい。分量は倍以上に増えている。また「〇〇の諸問題」とは、ある問題の本質を追求するときに丸山が冠するタイトルである。よってこの論文は、丸山が政治学の基本概念と位置づける「権力」について、自身の考えをまとめたものだと言えよう。丸山自身もこの論文とその配置について、「私としては、本書のあちこちに散在する考え方のしめくくりという意味もいくぶん籠めたつもりである」（集⑦四九頁。傍点は丸山）と述べているように、彼はここで政治学的な論文を執筆することに区切りをつけ、政治学から離れていっているのである。

しかしこれは、丸山が政治的な時事問題から完全に撤退したことを意味するものではない。丸山が政治学から離れたのは、思考様式の固定化と戦ううえで、政治学が有効ではないと判断したとともに、政治の場面における戦略の転換が原因である。

戦略の転換を丸山が決意したのは、自らの政治に関する主張がうまく伝わらないからであろう。コミュニケーションが発達すると、イメージは現実の本人像や言説からズレていき、しかもイメージの方が本物よりもリアリティーをもってくる。これを丸山は「イメージの一人歩き」と形容した（集⑦一五一頁）。この時期、巷《ちまた》では他の政治学者とひとくくりに「丸山学派」などと呼ばれてステレオタイプ化されるなど、丸山は「イメージの一人歩き」を渦中で感じていたという（座②二三〇頁）。そして丸山によれば、このような現象は各社会集団のあいだのコミュニケーションが乏しく、「タコツボ化」した日本社会では、なおさら横行する。そのため、イメージの横行を助長させうる政治的なアピールよりも、それぞれの日常での集団や結社（セクトやアソシエーション）を通じて、小規模ながらも、彼の表現では〝ぶすぶす〟とあちこちから狼煙《のろし》があがるように活動する方向へと、戦略を転換すべきだと丸山は考えたのである（座②二四二頁）。もちろん、これには療養所の体験が影響しているだろう。

以後の丸山は、基本的に時事問題については論文で正面からとりあげたり、アピールをおこなったりすることはなく、座談会で議論する程度にとどめるという線引きが見てとれる。

日本思想史への回帰

一九五六（昭和三十一）年に仕事に復帰した丸山は、『現代政治の思想と行動』の刊行準備とともに、日本思想史の仕事に追われていた。丸山はすでに一九五三（昭和二十八）年より『近代日本思想史講座』（筑摩書房）の編集プランを練っており、この作業は入院で中断されていたが、復帰した一九五六年から頻繁に共同研究会をおこなっていく。また、他にも編集に携わる『岩波講座 現代思想』（岩波書店）では、同シリーズの「現代日本の思想」の巻の総論として、日本の思想を包括的に論じるという難題を清水幾太郎（一九〇七―八八年）から課せられた。清水が決めたタイトルは、「日本の思想」。丸山はこの論文を書くために、日本思想史を古代から現代まで概観せねばならなくなる。そして、おそらく執筆の準備としての意味もあるのだろう。丸山は一九五六年に、それまで江戸時代や明治時代を主に扱っていた大学での講義の内容を大幅に変更し、古代から近代までを通して論じている。

これらの動向をあとから見れば、丸山は一九五六年を境に、研究のフィールドを政治学から日本思想史へと移していると言えるが、それはどれほど計画的なものだっただろうか。ただし、逆コース以来、丸山の標的は人々の思考様式の固定化に向けられており、その根源を探ろうとする限り、日本思想史へと行きつくのは必然であった。

また、日本思想史への移行は、先に述べた「戦略の転換」とも関連している。非政治的な領域から政治の変革に働きかけていくというのは、日常の場で集団や結社を通じて活動することだけではない。丸山はある対談で次のように述べている。「〔ルソーは〕現実のアンシャン・レジームの中で窒息するばかりになっているエネルギーを、いわゆる政治的改革ではなしに、全く新たな人間形成——既存の秩序によって汚染されない人間を創り出していく方向に集中する。最も非政治的なものから出発して結果としてはそれが猛烈な政治的な役割を果したわけです」（座③二九〇頁）。ジャン＝ジャック・ルソー（一七一二—七八年）と同じく丸山にも、思考様式を改革することで政治の変革へとつなげていこうという意図があることは間違いない。

こうして〈第三期〉の丸山は、回帰した日本思想史の研究領域から、a「主体性」について論じている。しかし、〈第三期〉の丸山は、政治学からの撤退と戦略変更の結果、a-(1)「個人と国家の関係」の形で問題を扱うことはなかった。以下の部分では、a-(2)「主体性論（精神の変革とそのエネルギー）」、a-(3)「思考様式」の論点について、それぞれ見ていくことにしよう。

〈第三期〉の丸山の目の前には、好況と経済成長という、〈第二期〉とは随分違った世界が広がっていた。「もはや戦後ではない」というのは、もともと一九五六年の『文藝春秋』二月号に掲載された中野好夫《よしお》（一九〇三—八五年）の文章のタイトルだが、他にも『世界』が八月号で「〝戦後〟への訣別」を特集するなど、「戦後十年」の区切りが盛んに言われていた時期である。そして、この時期に同じく流行語となっていたのは、大宅《おおや》壮一《そういち》（一九〇〇—七〇年）の「一億総白痴化」という言葉であった。もはや戦後ではなくなり、丸山は蔓延するアパシーの只中にあったと言えよう。

しかも、〈第二期〉の丸山が国民の主体的なエネルギーの源泉とした「平和を守りとおす決意」は、もはや期待をかけられない状況にあった。平和運動や反原水爆運動は、ビキニ諸島でのアメリカによる水爆実験でマグロ漁船第五福竜丸が被曝して一気に高まったが（一九五四年）、丸山はこれらの運動を必ずしも肯定的に見ていたわけではなく、むしろ、ただの平和主義の鼓吹《こすい》になっていることを問題視していた。[2]

つまり、一九五五年頃を境とする経済の成長と好景気に伴い、人々の関心は政治や思想から経済へと切り替わったのである。「飢餓デモクラシー」の空腹感によって渇望され支えられていた政治や思想は、人々の胃袋が満たされるとともに空疎化せざるをえなかった。そして、いったん決壊してあふれた政治的無関心は深刻化していき、〈第三期〉の丸山は事態への対応をせまられていく。

主体的エネルギーの抽出（「反動の概念」）

丸山が復帰を果たした一九五六（昭和三十一）年は、共産主義諸国に衝撃が走った年である。二月に開かれたソ連共産党第二十回大会において、党第一書記のフルシチョフは、前任者であるヨシフ・スターリン（一八七九―一九五三年）の批判をおこなった。スターリン批判は秘密報告であったが、やがてアメリカを通して西側に漏出し、日本でも八月には『中央公論』にその内容が掲載されている。さらに同年十一月には、ハンガリーで大衆蜂起が起こり、新首相となったナジ・イムレ（一八九六―一九五八年）が自由選挙の実施、ワルシャワ条約機構からの脱退、中立を宣言してソ連軍の撤退を求めたが、ソ連軍の介入によって打倒される事件があった。

丸山は、スターリン批判に寄せて「『スターリン批判』の批判」（一九五六年）を執筆し、翌年にはハンガリー動乱を受けて「反動の概念」（一九五七年）を書いている。しかし、いずれの社会的事件についても、丸山が論じるのは政治的な事柄ではなく、思考様式の問題である。丸山は『スターリン批判』の批判」では、マルクス主義者に見られる思考様式の固定化を指摘し、[3]「反動の概念」では、以下に述べるように、そうした思想状況を打開するエネルギーを導き出している。この「反動の概念」こそ、〈第三期〉の丸山がａ－(2)「主体性論（精神の変革とそのエネルギー）」について論じたものである。

ハンガリー動乱は、「プロレタリアート独裁」を認めるべきか否かという問題を提出した事件と言えよう。つまり、ソ連とハンガリーはどちらが正しいのか。正統な政治体制への反逆について、イデオロギー的な立場から正否をくださない場合に、正しいのはどちらか。丸山はハンガリー動乱からそのような課題を受けとり、「反動の概念」を書いている。[4]

タイトルにある「反動」とは、作用《アクシヨン》に対する反作用《リアクシヨン》という本来の力学的な意味に、特別なプラスアルファの意味が加わった新たな概念であり、丸山はその原初的な形態の検証を通して、今日《こんにち》への意味をくみとろうとする。丸山がそこで見出そうとしているのは、いわゆる「反動的なるもの」。もちろんこれは、反動たることの核心、エッセンスを意味する用語である。

「反動」の概念が誕生したのは、フランス革命以後のことであり、丸山によると、「反動」を革命が行きすぎた分だけの「揺りもどし」として定式化したのは、バンジャマン・コンスタン（一七六七―一八三〇年）であった。その後、マルクスが歴史を革命に媒介された非連続的な進歩ととらえたため、革命に対する反動は同時に進歩に対する反動となり、「反動」と「進歩」は弁証法的な対語として用いられるようになる。

丸山はこの検証から、次のような現代的な意味をくみとっている。マルクスもレーニン（一八七〇―一九二四年）も、プロレタリア革命が間近だという前提があったからこそ、反動は革命や進歩に対立する概念としたが、この前提は現在では通用しないので、再考されるべきである（集⑦一〇八頁）。そして、進歩の弁証法がいきいきした生命を保つためには「矛盾の積極的意義」が必要だと提言する。しかも、この矛盾の積極性は、「反動」という消極概念ではあらわせない。ならば、伝統的な進歩・反動とは次元の異なる、「抵抗」という概念を新たに設定すべきではないか。

つまり、「反動的なるもの」を抽出すべく検証をおこなった結果、丸山は弁証法における止揚のエネルギーを導くような「矛盾の積極的意義」を見出し、それを「抵抗」と名づけた。この「抵抗」の精神に支えられなければ、進歩は停滞し、制度は物神化してしまうのである。

当時の丸山は、スターリン批判やハンガリー動乱を論じる際に、容共・反共がともにイデオロギーによって良し悪しを決めようとする、思考様式の固定化を問題視していた（座②一一九頁）。特に、「進歩」側に与《くみ》する丸山は、「『スターリン批判』の批判」で述べたように「進歩」側の硬直を問題視していたのであり、「反動の概念」での「抵抗」概念の提起は、そうした状況を打開するエネルギーを抽出する格好になっていると言えよう。この、矛盾のなかで生まれて進歩へと向かう積極的なエネルギーは、〈第一期〉に丸山が「主体性論」においてエトスなどの用語を用いて主張した、現実と格闘しながら理想へ向かって突き進んでいく「やる気エネルギー」と共通するものである。

「思考様式の固定化」の原因究明（『日本の思想』）

丸山は〈第二期〉以来、人々の固定化した思考様式の打開を最大の目標としてきたが、この点は〈第三期〉も変わらない。しかし〈第三期〉の丸山は、〈第二期〉のようにそれを批判的に指摘して打開するのではなく、原因を内部に追究していく態度へと変わる。この変化は、療養所体験の影響であるとともに、問題の根深さに応じて腰をすえなおしたことによるものであろう。仕事に復帰した一九五六（昭和三十一）年、この課題に改めて臨む丸山は、『岩波講座 現代思想』の刊行に際して、次のような内容のことを述べている。

——現代ほど思想がデマゴギー化、アクセサリー化し、同時に極度の専門化により各分野の問題が職人的に処理され、より深く広い思想的鉱脈にまで掘り下げる努力が放擲《ほうてき》されている時代はない。この講座がこの悪循環にどこまで挑戦できるかは、各執筆者の課題であり、読者の受けとり方の問題である。この講座が現代思想の到達点としてよりも明日の思想と行動への出発点として役立つことが私の希望であり期待である（集⑯二二五頁）。——

これはいわば、丸山がこれから思想と対決するにあたっての宣戦布告である。〈第三期〉の丸山はこの宣言のもとに、思考様式の固定化を具体的に指摘し、その原因を掘り下げていく。

まず、「思想と政治」（一九五七年）で丸山が指摘するのは、思想のアクセサリー化とアレルギー反応である。「アクセサリー化」とは、思想が流行するだけで実践的に機能しないことで、「アレルギー反応」とは、思想をすべて危険思想とみなすような拒否反応を意味する。丸山はその原因を、明治国家が設定した正統性である「国体」が、空気のように見えない雰囲気として思想的な強制力をもったことに求める。これにより「変なまねはするな」という消極的な黙従が生まれ、自分の頭で考えて行動しようとしない状況に至るという。しかも、明治国家の体制が崩壊しても、ものの考え方はそう簡単には変わらない。そのうえ現代では、いわゆる「政治化」、つまり政治がわれわれの内面の思想にまでたち入ってくるので、余計に自分自身でものごとを考え、問題の社会的・思想的な文脈を見抜く力を鍛え、自分の思想に対して責任を持たなければならない、と丸山は主張している。

また、「思想のあり方について」（一九五七年）では、先述の「イメージの一人歩き」と「タコツボ化」の現象を指摘している。両者はそれぞれの症状を助長しあう関係にあり、イメージと現実がズレるほど社会集団ごとのコミュニケーションは乏しくなり、タコツボ化するほどイメージは一人歩きをする。この悪循環は、封建的で家族主義的な日本の組織の「タコツボ化」という前近代的現象と、コミュニケーションの発達という現代的現象が重なり合ったものであるという。そのうえで丸山は、「タコツボ化」と「イメージの一人歩き」に自覚的になり、全体状況を理解するテクニックや思考法を持つべきだと述べる。

そして、これらの問題をもっとも腰をすえて論じているのは、かねて丸山の懸案となっていた「日本の思想」（一九五七年）である。次に、その内容をやや詳しく見ていこう。

同論文で丸山はまず、日本思想史の包括的な研究が著しく貧弱であるという事実を指摘する。そして自らこう答える。それは日本の思想が機軸、座標軸を欠いており、そのために思想が蓄積、構造化されず、雑居しているからではないか（「まえがき」）。

日本における新しもの好きと、突然の「伝統」復帰（維新のときの廃仏毀釈《はいぶつきしゃく》、明治十四年前後の儒教復活、昭和の天皇機関説問題など）という両極端な傾向は、いずれも思想の機軸がないことによる。そのため日本では、思想を新旧で評価して「時代遅れだ」とする陳腐な批判がはびこる。また、西欧の哲学や思想を、構造としてではなく、使い勝手がいいように部品として移入する。この思想的雑居性、無限抱擁性が、日本の思想的「伝統」である。よって、この「伝統」にとって異質なのは、キリスト教やマルクス主義のように、雑居を原理的に認めないものである。これに対して日本の「伝統」は、「それはウソだ。現実の隠蔽だ」と非難して退ける、いわゆるイデオロギー暴露の姿勢をとった（第一節）。

　こうした無限抱擁性の「伝統」を継承しているのが、他ならぬ「国体」である。明治日本は、近代国家をつくるにあたり、皇室を精神的機軸として設定した。「国体」は、内外の敵とは厳しく対立するが、「国体」自体がいかなるものかを定義したり、論理化したりすることは頑として避けるという性質がある（第二節）。

　また、国家の政治構造はその思想構造を反映するものであり、責任の帰属を明確にしない明治国家の政治構造は、機軸をもたない日本の思想的「伝統」の反映である。近世ヨーロッパ社会では、国家と教会の闘争のなかで、制度（フィクション）と現実とのギャップと緊張が自覚されながら、不断に制度をつくり、権力の正統性の根拠を問う主体意識が養われた。しかし、日本では主体意識がなく、制度と現実が癒着する。そのなかで日本の「近代化」は、「前近代性」を温存、利用しながらおこなわれたのである（第三節）。

　そして、日本における思想の機軸の欠如は、「理論信仰」と『実感信仰』と言うべき、「制度の物神化」と「心情への没入」を招く。しかし、そこから脱出することは不可能ではない。このことが自覚されるとき、私たちはこの病弊から自由になるのだ（第四節）。

　今こそわれわれは、思想的混迷を変革し、思想的雑居性を「雑種」にまで高めるために、強靱な自己制御力を持った主体を生み出すべきである（「おわりに」）。

　これらの丸山の所論に共通するのは、現在の日本の思想的問題を提示し、その根本的な要因が日本の近代化にあることを述べ、それを自覚することで克服すべきと説く、という構造である。丸山は言う。「問題はどこまでも超《スーパー》近代と前近代とが独特に結合している日本の『近代』の性格を私達自身が知ることにある」（集⑦一九四頁。傍点は丸山）。つまり丸山は、思考様式の固定化の原因を分析し、説明するための手段として日本思想史を用いており、それによって現状を打開しようとしている。この試みは、いわば「知ることによって変革する」日本思想史だと言えよう。

新たな日本思想史の発見（「忠誠と反逆」）

　なお、それから四年後の一九六一（昭和三十六）年、丸山は「日本の思想」を執筆したことが、自身の日本思想史のスタンスに変化をもたらしたと述べている。いわく、これまで背中にズルズルとひきずっていた日本の「伝統」をひっぱりだして身軽になり、そこから日本の思想的伝統を自由に探る地点に立った、と（『日本の思想』あとがき」、集⑨一一三―一一五頁）。

しかし、この発言は丸山の歩みを省略しすぎており、ところどころ正確でもない。そこで、以下の部分では、丸山が言うような変化に至るまでの歩みをたどりなおしていこう。

丸山は「日本の思想」の執筆によって「身軽」になったと述べるが、実際には、むしろ当時の丸山はスランプに陥って悩んでいた。座談会「戦争と同時代」（一九五八年）では、次のように告白している。


ほんとに、この一、二年というもの、精神的にスランプを感じるんです。〔…〕ぼくの精神史は、方法的にはマルクス主義との格闘の歴史だし、対象的には天皇制の精神構造との格闘の歴史だったわけで、それが学問をやって行く内面的なエネルギーになっていたように思うんです。ところが、現在実感としてこの二つが何か風化しちゃって、以前ほど手ごたえがなくなったんだ。〔…〕こっちも何かガッカリして気がぬけちゃった。〔…〕そのへんにスランプのもとがあるように思うんです。〔…〕何かぼくの勉強を内側からつき上げるデモーニッシュな力――として感じないんです。〔…〕何かが自分のなかに足りないという感じがする。それがつまりスランプということになるんでしょうね。困ってるんです、本当のところ……。（「戦争と同時代」、座②二三四―二三五頁）

このとき丸山は、マルクス主義はテクノロジーの発展がもたらす諸現象に対応できなくなっており

（座②三二九頁）、また、人々の心は天皇制よりも私生活に向かっていると感じていた（集⑥二九四頁）。「日本の思想」執筆後の丸山に、「身軽」感を読みとることはできず、行き詰まりさえ感じられる。

また、丸山は一九五六（昭和三十一）年に、日本の思想的鉱脈を掘り下げていくことを宣言して以来、「思想と政治」、「思想のあり方について」（一九五七年）、「ベラー『徳川時代の宗教』について」（一九五八年）、「『である』ことと『する』こと」、「開国」、「近代日本の思想と文学」（一九五九年）などを次々と発表したが、これらは問題の根幹を論じた「日本の思想」（一九五七年）の変奏曲のような論文であり、いずれも「知ることによって変革する」という日本思想史のスタイルにおいて共通している。つまり、丸山は「日本の思想」を書いた直後に姿勢を変化させたわけではない。その変化は、一九六〇（昭和三十五）年発表の「忠誠と反逆」において、はじめて明確に現われる。

「忠誠と反逆」（一九六〇年）は、人々の「忠誠」や「反逆」の対象がどのように転移し、また相剋するかという問題をとりあげた論文である。同論文で丸山は、「忠誠」と「反逆」の伝統概念の位置づけからはじめ、特に、「忠誠」や「反逆」の対象が将軍から天皇へと大転換した明治時代を中心に検証をすすめていく。そこで丸山が見出そうとしているのは、端的に言えば、論文「反動の概念」で「抵抗」と名づけた精神である。これは、「忠誠と反逆」では「非合理的主体性」（集⑧一七九頁）とも呼ばれる。そして丸山は、福沢諭吉、初期の自由民権運動、また内村鑑三（一八六一―一九三〇年）など初期のキリスト者の行動様式に「武士のエートス」と呼ぶにふさわしい「抵抗の精神」、「抵抗のエネルギー」を見出し、それが大正時代の社会主義者である大杉栄（一八八五―一九二三年）へとつながって消滅したとする。

もちろん、丸山はここで「武士のエートス」そのものを懐古しているのではない。「抵抗の精神」や「抵抗のエネルギー」の伝統を可能性において読みとり、それを現代に生かそうとしているのである。

私が見るに、丸山はこの段階で、日本思想史における新たなスタンスを獲得している。〈第三期〉の丸山は、当初、思考様式の固定化を打開する主体的なエネルギーを抽出しようとすると同時に、「知ることによって変革する」という日本思想史によって、思考様式の固定化を自覚的に克服しようとしていた。前者は「反動の概念」、後者は「日本の思想」に代表され、両者は補完関係にある。そして、やがて丸山はこの両者の方向性をくみあわせ、「伝統のなかに将来の可能性を自由に探る」という新たな日本思想史に行き着くのである。この新たな日本思想史のスタンスは、思考様式の固定化を打開する姿勢がより積極的であると言えよう。

こうした変化の胎動は、一九五八（昭和三十三）年後半から一九五九（昭和三十四）年にかけて徐々にあらわれたもので、そこにはベンジャミン・シュウォルツ（一九一六―九九年）（思想史家）の影響がある。思想を結果で判断するのではなく、その時点の可能態においてとらえるのが思想史の重要な任務だ（座③二二〇頁）、というシュウォルツの主張に、丸山は大きな示唆を受けた。そして、大学での講義内容を「日本の思想」の執筆を準備していた一九五六（昭和三十一）年の形式にもどし、再び古代から日本思想史を通史的に論じるようになる。つまり、「日本の思想」の執筆をきっかけとする「身軽」感を、丸山は一九五九年になって改めてとらえなおしたのである。[6]

また、丸山がより積極的な日本思想史をつくりあげた背景には、世代交代への警戒や、政治的無関心の深刻化（人々の主体的なエネルギーの不足）があったことが、一九五九年や一九六〇年初頭に発表した文章や対談から読みとれる。

当時は、一九五五（昭和三十）年以来の好景気のなかで、戦争を知らない世代が大人になり、世代間の断絶が人々に意識されるようになっていた。〈第二期〉には戦争体験に裏打ちされた「平和を守りぬく意志」に主体的なエネルギーを求めていた丸山にとって、このことは政治的無関心の深刻化と関連してとらえられたはずである。たとえば、「忠誠と反逆」が収められた『近代日本思想史講座』のまえがきでは、「講座の意図――研究の出発点」として、世代間の断層を埋めるべきことがはじめに宣言されている。[7]

そして、人々の主体性については、一九五九（昭和三十四）年に「今の日本は、いわば全構造的な腐敗がひろがっている〔…〕自己改造をするエネルギーがどれだけあるかということが問題だと思う」（座③三〇三頁）と不満を述べ、さらに翌一九六〇（昭和三十五）年には、「各世帯にピストルを一挺ずつ配給すれば、権力や暴力に対して自分の自然権を行使する心構えが生れるんじゃないか」（集⑧二八一頁）という挑発的な短文を書いている。

ところが、丸山が危機感をつのらせていたちょうどそのとき、突如として安保闘争が起こるのである。

六〇年安保

後世から見ると、六〇年安保は戦後の代表的な市民運動であるが、当初はほとんど盛りあがらず、一九五八（昭和三十三）年の警職法改正への反対運動を下回るものだったという。警職法改正とは、大衆運動の取締りのため、警官の権限の大幅な拡大・強化をねらった法案であったが、猛烈な反対運動が起こって廃案となった。この直後、皇太子明仁《あきひと》（今上天皇）と正田美智子《しょうだみちこ》の婚約が発表され、日本は「ミッチーブーム」でもちきりとなる。ご成婚に沸くなかで、安保反対運動は明らかに盛り上がりに欠けていた。

この当時、丸山は安保改正反対の活動に参加し、声明にも名を連ねたが、決して積極的ではなかったという。そして、討議では「安保は重い」という言葉がしょっちゅう出ていた（集⑮三三七頁）。「安保は重い」とは、もっと切実な経済問題でなければ大衆は動かないという意味である。一九五九（昭和三十四）年の段階では、安保反対が大きな運動になるとは誰も想像できなかった。

この停滞ムードに変化があらわれるのは、一九六〇（昭和三十五）年に入り、安保改正案が活動対象地域とする「極東」の範囲についての国会審議が始まってからである。そこで新たに「共通の危険に対処するように行動すること」との条項が加えられたことが、「日本は戦争にまきこまれるのではないか」という人々の不安をかりたて、また、五月にアメリカの偵察機U2がソ連に撃墜され、さらに緊張は高まった。これらの戦争への不安と、かねてから鬱積していた岸信介首相の強権的な姿勢への不満があいまって、安保闘争が爆発するエネルギーが醸成されていく。

そして、安保反対運動が空前の高まりを見せ、丸山がその表舞台に登場する直接の契機となったのは、一九六〇年五月十九日の自民党による安保改正案の強行採決である。自民党は衆議院において五百人の警官を動員し、社会党議員を排除して本会議を開会。討論をしないまま、二十日の未明に新安保条約を単独で可決させた。これを受けて丸山は、事態は安保改正のみならず、民主主義を守るか否かの問題であるとして、以後休むことなく大小の反対運動の集会に参加して訴えを続けていく。丸山の訴えとは、次のようなものであった。

——すべての局面は、五・一九の時点で一変した。強行採決により、安保条約についての争点は単純化した。それは、強行採決を認めるか認めないかということである。これを認めることは、権力は何でもできると認めることである。岸政権によって捨てられた民主主義運動の理念と理想は、われわれの手に握られた。いまこそ、あらゆる意見の相違をこえて手をつなごう。民主主義の原点である八・一五に立ち返るのだ。——

特に、五月二十四日の学者文化人集会で、丸山は全国から集まった二千五百人を前に演説をおこなった。日高六郎から「これまで政治的に行動して来なかった人が語るのがのぞましい」という趣旨の説明を受けて、これに応じたのである。すでに政治学から日本思想史へと回帰していた丸山は、再び政治問題の表舞台に連れ戻されることになるとは、夢にも思わなかったに違いない。

しかし、強行採決から一ヵ月後の六月十九日、新安保条約は自然成立となる。そして岸首相は、新安保の成立を見届けて、退陣を表明した。反対運動はこれにより急速に収束していく。それは、安保闘争が岸への不満をエネルギーとしている限り、当然の結果であった。岸の退陣後は池田勇人内閣が誕生し、年末には「国民所得倍増計画」を決定する。こうして、日本は「もはや戦後ではない」どころか、高度経済成長へと歩みはじめるのである。

丸山は安保闘争の最中に、これだけの運動が起きたことを大きく評価しつつも、その後には宿酔《しゅくすい》(二日酔い)のような停滞が来ることを予想していたという。[8] しかし、短期の激動からできるだけ今後の「資産」となるものをひき出したいというのが、丸山の言動の底に流れていた願望であった(集⑨一七〇頁)。ただし、多少は予想していたとはいえ、年内の総選挙で自民党が大勝したことには、丸山も失望を感じざるをえなかったに違いない。

以上のように、政治学から離れて日本思想史に専念していた丸山は、安保闘争で政治の表舞台へと呼び戻され、運動が爆発的にもりあがるなかで、その名を世間に広く知られることとなった。「政治学者」丸山眞男の名が、政治学を離れた後に知れ渡ったのは皮肉である。また、安保運動の活動家や戦闘的な学生たちは、「負け戦」に終わった要因を、丸山が安保闘争を民主主義運動へと切りかえたことに求めた。吉本隆明をはじめとする丸山政治学への批判は、安保後に提出されていく。「政治学者」丸山眞男のイメージと、「日本思想史家」丸山眞男の実体とのギャップは、ここにおいて最大限にまで離れていくのである。

ファシズム研究の終着駅

安保闘争の嵐が去って一年後、丸山はファシズム研究の分野では長い沈黙のあとに、〈第三期〉では初めてのファシズム論となる「現代における人間と政治」(一九六一年)を発表する。丸山がファシズムについて本格的な論文を発表するのは、一九五二年以来、九年ぶりとなる。そして、突如として発表したファシズム研究は、「当事者性」、「内」と「外」、「日常レベルの政治」という関心を反映させた、まさに〈第三期〉こそのファシズム論であった。

「現代における人間と政治」の内容は、次のようなものである。

丸山は、論文の冒頭で、チャーリー・チャップリン（一八八九—一九七七年）の映画『独裁者』（一九四〇年。日本での公開は一九六〇年）に出てくる“What time is it?”という台詞に注目する。そして、実はチャップリンは「現代とはいかなる時代か？」と執拗に問いながら、「それは逆さの時代だ」とくりかえし答えているのではないかと思い立つ。チャップリンが戯画化したのは、現代において人間と社会の関係が倒錯し、人間が自己疎外されている様々な場面である。しかし、「逆さの世界」の住人には、それが逆さとして意識されない。そこで丸山は次のように自問自答する。人々はそれは昔の話だと言うが、果たして現在の政治的良識はそれほど自明さをとり戻しているだろうか。今日も世界は逆さのままなのではないのだろうか（第一節）。

続いて、第二節と第三節では、それぞれナチが知らぬ間に生活に浸透する様が描かれる。人々は、「なぜドイツ国民はナチの狂気の支配に平気で、黙って見過ごしたのか」と疑問に思うだろう。しかし、彼らの住む世界そのものがナチになり、その世界の変化に対してとめどなく順応したというのが、そこで起きた実態である。「おどかし屋」と世間から思われたくないと思って周囲に適応しているうちに、違和感を覚えていた光景にもいつしか慣れ、気がついたときには当初の地点から遠く流されてしまっているのである（第二節）。

ナチ化は心の内面にまでは浸透しないが、表向きに順応するかたちで進行する。それは裏を返せば、心の内面はナチの侵入を許さないが、外の世界を変えることもできないということである。著名な牧師であるマルティン・ニーメラー（一八九二―一九八四年）は、このことから、「端初に抵抗せよ」、そして「結末を考えよ」という二つの原則をひき出すが、問題なのは、果敢な抵抗者として知られたニーメラーでさえ、迫害されるまで腰はあがらず、迫害されたときにはもう遅いということである。しかも、迫害を受けている者の実感は、そうではない圧倒的多数の人間とは随分異なるため、両者の心は通いあわない（第三節）。

つまり、迫害を受けている者には、憎悪と恐怖に満ちた光景こそが「真実」であり、人々の道徳的不感症をいぶからずにはいられない。しかし、迫害されていない者の「真実」からすれば、彼らが語ることは「おどかし屋」にしか見えない。ナチ化とは、この二つの「真実」の交わりを遮断することなのである。しかも、この分裂は「日常生活の内側の人間」と「迫害される外側の人間」の、「内」と「外」の分裂に限らない。「表層のプロパガンダの世界」と「底層にある民衆の生活次元の世界」の、「表面」と「底」の分裂としてもある。したがって、底層の民衆に対して、外から「そのイデオロギーは作りものだ」と説いても効果はない。こうして見ると、従来の解釈は、イデオロギーの次元にあまりにも比重をかけてナチ化の様相を眺めている。そして本当におそるべき問題を見落としている。それでは、ナチやファシズムなどの全体主義の問題が、特定の国の特殊な歴史的状況に限定されてしまい、現代の人間に対して投げかけられた普遍的な意味を見失ってしまうだろう（第四節）。「世の中」のイメージの分裂は、イデオロギーや宣伝ばかりによるのではない。人々の自主的な協力が関与しているのだ。知識人の役割は、「内」と「外」の境界に住み、内側の住人と「実感」を分かち合いながら、しかも不断に外側との交通を保ち、内側のイメージの自己累積による固定化を絶えずつきくずすことにある。その際、内側からは「無責任な批判」と見られ、外側の人間からは内側にコミットしているとの非難を浴びやすいが、そのはざまに立ちながら、内側を通じて内側を超える展望をめざすところに、知識人の課題と意義はあるのだ（第五節）。

「超国家主義の論理と心理」から十五年、丸山がたどり着いたのは、人々の共犯性を指摘するファシズム論であった。丸山は、安保闘争とその後の世の中を見つめながら執筆したこの論文を、終戦以来ずっと国民に問いかけてきた自分の最後のメッセージであるかのように残して、海外へと旅立つ。そして、一年半後に帰国してからは、日本思想史研究へと静かに沈潜していくのである。

ここまでの結論として――凧の原理

以上、ここまで三つの章にわたって、丸山眞男が主に「政治学者」として活躍した時期（一九四五年の終戦から一九六一年まで）に焦点をあて、その思想と行動の歩みを追ってきた。最後に、〈第一期〉から〈第三期〉にかけての主張や論考の移り変わりについて、分析を加えながらまとめておきたい。

丸山の思想と行動の軌跡を論述したいま、私の中にはあるひとつのイメージが思い浮かんでいる。それは、風をいっぱいに受けて、大空を舞い上がる凧《たこ》である。

丸山は、それぞれの時代状況に対応し、社会の動向や風潮に逆行するかたちで自身の論考を提出している。その際、丸山のねらいは、あえて反対方向に重心をかけることで、風潮の行き過ぎた部分を中和しつつ全体のバランスを是正し、また、その際の衝突や矛盾からさらなる進歩や発展をひきだすことにあった（この点は、第一章で述べたとおりである）。

思えば、丸山は研究論文を書き始めた戦前の時期から常に、日本の国家主義的・軍国主義的な動向の只中にあった。その圧力や風当たりは、日中戦争が始まり、さらには対米開戦によって、限りなく強まっていく。第二章で見たように、戦前に発表された丸山の主要な論文群は、いずれも時代の切迫感のなかで書かれたものである。

丸山が彼の「哲学」（内なる自己原則）に従って時代の風向きに反するかたちで提出する論文は、その風が強いほどに切迫感が高まり、論文にこめた主張や想いは、身につまされた偽らざるものとして人々に響く。丸山という人間や彼の論考がいわば凧であり、強い風を受けるほどに（動向、風潮）、凧ははためきタコ糸は張り（切迫感）、空高く舞い上がる（主張の効用や意義）という比喩は、このことを例えたものだ。

しかし、風は時代によって変化する。戦前が暴風の時代だったのに対して、終戦直後は、占領下でアメリカの庇護のもとに置かれた、無風の時代であった。よって、「戦前の自分」との思想的格闘と生まれ変わりを記した「超国家主義の論理と心理」（一九四六年）は、例外的に緊張感のある文章となったが、無風状態のなかで、〈第一期〉の丸山の主張は、主に原論のような形で、個人や国家の理想的な姿を追ったものとなってあらわれている。

だが、一九五〇年以降の〈第二期〉は、「逆コース」によって再び暴風の時代となる。これにより、〈第一期〉に原論のかたちで示された主張は、レッドパージや東西対立などの状況に対応して、より具体的な主張へと変容していく。特に丸山は、国家の圧力やそれを受容する人々の「思考様式の固定化」と対決すべく、アピール性の強い時事論文や時評を多く発表した。

そして、一九五五年以降の〈第三期〉は、国内的にも世界的にも情勢が安定し、特に日本では好景気が人々の生活と心に余裕をもたらす。〈第二期〉が暴風の時代であったのに対し、〈第三期〉は風がおさまり、しかも各々が風に吹きさらされるのではなく、いわば風をしのぐシェルターを手にしたような時代だと言えよう。しかし、人々の「思考様式の固定化」は根深く、丸山は〈第二期〉のようにそれを単に批判するのではなく、原因を追究して現状を変革する方法へと転換し、それとともに、政治について直接的に論じることから離れ、研究分野を日本思想史へと移行していった。

丸山という論者は、常に時代の逆風をとらえて論考をつくりあげているが、ここまでの時期には、その特徴が顕著にあらわれている。それは、戦前から戦後にかけて、逆風が激しい時期と弱まった時期がそれぞれ交互に訪れ、それに応じて丸山のスタンスが大きく変わったからであろう。

そして特に、丸山の「哲学」は、逆風が強烈であるほど、強さを発揮するということが、本書の検証からも明らかである。しかし、それは裏を返せば、逆風を利用できない場面は得意ではない、ということにもなるだろう。例えば、ある種の無風状態で書かれ、丸山の考えの原論的な部分が強くあらわれた〈第一期〉の時事論文が、人々の心に訴えかけるほどのものには至っていないことも、そのひとつのあらわれである。また、〈第三期〉の丸山が一九五八（昭和三十三）年に告白したスランプ発言も、同じく逆風がなくなった状況で語られたものであった。

いわゆる神武景気は一九五五年の下半期から始まり、やがて逆コースの緊迫感は、好景気によって雲散霧消していく。ただし丸山にとっては、友人のハーバート・ノーマン（一九〇九―五七年）が東西対立のはざまでレッドパージの追及を苦に自殺をする一九五七（昭和三十二）年までは、緊迫した状況を身につまされて感じていたと思われる。スランプはそれ以降であろう。研究者になって以来、常に吹き荒れる暴風を逆風として受けてきた丸山は、知らず知らずのうちに逆風に慣れてしまい、いつしか逆風なしではいられないようになっていたのではないだろうか。このあと、丸山がスランプをぬけだすことは一生なかったと私は考える。

世の中の動向や風潮を逆風にして時事問題を論じる丸山のスタイルは、日本政治思想史家として研究者人生を歩みはじめた戦前の時期に、すでにできあがっていた。日本思想史を専門として、江戸時代を論じていても、実はそれを透かして政治的な時事問題を相手にしている点では、丸山はある意味ですでに「政治学者」であった。それが戦後になって、政治学の人手不足により、ほんとうに「政治学者」として活動するようになる。しかし、戦後日本が経済水準を回復し、世の中から政治的な緊張が失われるとともに、逆風を失った丸山は「政治学者」であることを辞め、本来の「日本思想史家」としての研究に沈潜していく。「政治学者」丸山眞男が逆風をとらえて高く舞い上がる凧である限り、これは必然であると言えよう。丸山という凧は気流がおさまるとともに、自然と日本思想史という大地に着地したわけである。

そのとき、突如として起きた六〇年安保闘争の急激な高まりは、一瞬だけ丸山を「政治学者」として再び政治の最前線へと連れ戻した。だが、民主主義運動が爆発的に高まりながらも急速にしぼみ、直後の選挙結果にまったく反映されないという現実は、果たして丸山の目にどう映っただろうか。翌年、丸山は「現代における人間と政治」（一九六一年）を執筆するが、この論文は、すでに死に体にある「政治学者」丸山眞男が、安保闘争での一瞬の逆風をきっかけとして執筆した、最後の時事論文と言えよう。しかし、安保闘争の暴風はすでにやんでいる。凧をあげるだけの風はもう吹いていない。それは、安保の暴風がおさまったなかで、わずかな風をなんとかとらえて凧をあげようとした、丸山のラストフライトであった。

第七章

日本思想史家としての格闘

——高度経済成長の時代(一九六〇年以降)

戦後の丸山の日本思想史研究

さて、ここまで本書では時系列的に丸山の歩みをたどり、特に、第三章から第六章にかけては「政治学者」としての活動を追ってきたが、本章では、戦後の丸山の「日本思想史家」としての活動を見ていきたい。

丸山は一九六〇年前後を境に、政治学者としての活動から離れ、日本思想史研究へと沈潜していく。そして、一九六〇年代以降に、独自の通史的な理解に達した。ただし、日本思想史に関する問題意識は、政治学者として活動している時期から、ずっと持ち続けていたものである。

そこで、本章では丸山の一九六〇年代以降の論文を中心として、彼の戦後の日本思想史研究の成果を見ていくとともに、その意義や限界について考えたいと思うが、章の構成は必然的に以下のようになるだろう。

(1)一九六〇年までの道のり
(2)一九六〇年代以降の研究成果
(3)丸山日本思想史の意義と限界

つまり、本章が対象とするのは、終戦から丸山が亡くなる一九九六年までとなるが、丸山が情熱とアイデアに満ち溢れてもっとも充実した活動を送っていたのは、政治学者としての時期であり、日本思想史に専念した一九六〇年以降は多産的に論文を執筆していない。そのため、約五十年間にわたる丸山の日本思想史研究をたどる作業は、必ずしも遠大なものとはならない。

ここでは論文とともに、東大法学部（東洋政治思想史講座）での授業の記録（『丸山眞男講義録』）などを用いて、要点を押さえながら彼の日本思想史研究の進展を追っていくことにしよう。

「開国」体験の衝撃

結論から先に言うと、戦前期の丸山の日本思想史研究が、「近代の超克」への関心を基底として始まったものであったのに対し、戦後の丸山の日本思想史研究は、「開国」という問題意識に貫かれたものであった。

そのきっかけとなったのは、敗戦である。

敗戦後に丸山が目撃したのは、民主主義が流入し、それを学ぶことで近代的な精神が成長するという事態であり、明治日本が「開国」によって経験した文明開化と同様の「外からの近代」という経験であった。だから丸山は、庶民大学三島教室などの場で、まるで明治維新を追体験したような強烈な印象を受けたのである。

この体験が、その後の丸山の日本思想史の方向性を決定づけることになる。それまでの丸山は、各国の近代化を歴史的発展という〝縦の線〟でほぼ単線的にとらえ、日本の近代化についても内発的に発達する面に注目していた。しかし、この「開国」体験は、丸山に日本の近代化を文化接触という〝横の線〟でとらえる新たな視角をもたらし（集⑫一二三頁）、さらには近代日本の原点にある西洋文明との出会いの意味を考えさせるものとなるのである。

だが、丸山はこの体験の意味を即座につかみとり、「開国」を日本思想史上の一大問題としてとりあげることができたわけではない。おそらく丸山にとって「開国」体験は、そこで肉体的に感じとったものを、ゆっくりと反芻《はんすう》しながら理解していくような経験としてあったのではないだろうか。そして事実、丸山は「開国」体験の意味を、一生かけて言語化し、問題化しつづけていくのである。

敗戦から一九五〇年代後半まで

敗戦直後の丸山は「開国」を身をもって体験し、その重要性を深く受けとめたが、まずは混乱の只中にあって、新たな時代における国民と国家のあり方を政治学者として示すことを、何よりも優先させざるをえなかった。つまり、戦後しばらくのあいだ、丸山は「開国」という問題をつかみながらも、十分に向き合えずにいたと言えよう。

そうしたなか、丸山がはじめて「開国」の問題にふれたのは、一九四六(昭和二十一)年のことである。歴史学研究会の講演で丸山は、のちに活字化され「明治国家の思想」と題される発表をおこない、明治日本を例にとって、国民と国家がバランスよく両輪となって機能すべきことを主張している。この文章で「開国」は、明治日本が一時的に国家と国民のバランスを保ちえたことの歴史的条件として挙げられる(集④五五—五六頁)。しかし、この段階ではあくまで「開国」という事柄にふれたに過ぎない。

丸山が「開国」の問題をはじめて明確にとりあげたのは、一九四九(昭和二十四)年に発表した

「近代日本思想史における国家理性の問題」においてである。この論文も、国民と国家の両者のバランスを主題としており、国家をうまく制御していた明治前期の福沢諭吉の思想と、のちに国家を制御しきれなくなった様相を論述するなかで、日本における国家という観念や国家理性（国家が行動するうえで従うべき大義名分やルール）の変遷を素描することを丸山は目指している。

その際、「開国」は「近代日本の国際的道程における悲劇の素」であるパラドックスとして位置づけられる（集④七頁）。国際社会の存在が自明の事実であり、そのなかから近代国民国家としてのスタートをきったヨーロッパに対し、日本はむしろ国際社会へと引き入れられることで近代国民国家として歩き出した。「開国」とは、世界に向けて国を開くと同時に、国際社会に対して自己を「閉ざされた」統一体として自覚するパラドックスの経験として存在したのである。そして丸山は、これらの国民国家形成時の状況の相違が、ヨーロッパと日本のそれぞれの国家の運命と国家理性のあり方に影響を及ぼしたとの見解を示している。

しかし、同論文は結局、未完成に終わった。しかも、未完成になることは、最初からおりこみ済みであったと言える。なぜなら、丸山は論文の「まえがき」で、「よし未定稿であれ、また問題の解決には到達しないまでも、せめてこの際、問題の所在なりとも暗示しておきたいという動機に駆られて、まだ十分資料を整理していないまま、敢えて本稿を草した」（集④六頁）と述べているからである。つまりこの論文は、次々と押し寄せる仕事や原稿に忙殺されるなかで、近代日本の根源に存在する「開国」という問題の根深さや重要性に思いあたった丸山が、とりあえずその問題意識を書き留めたかたちになっている。

また、同時期に丸山が「開国」の問題を扱った論文として、「日本におけるナショナリズム」（一九五一年）がある。当時、日本は「逆コース」の真只中にあり、日本のナショナリズムのこれまでの歩みとこれからの展望について述べた同論文は、端的にいえば、なぜ日本国民には民主主義的な社会を構築していくだけの主体性や自発性がないのか、を考察したものといえる。

丸山の答えはこうだ。明治日本がヨーロッパの物質文明だけをとり入れ、思想については退けるという〝使い分け〟の「開国」を行なったことが、すべての原因である。つまり、「開国」に際して、ヨーロッパ文明をとり入れずには、もはや自身を保つこともできないという状況に置かれるパラドックスを日本は安易に避けたため、アジアにおいて日本のナショナリズムだけが若々しいエネルギーを失い、近代精神の発達が十分でないというのである（もちろん、丸山がアジアのナショナリズムを手放しで礼讃しているのは、アジアの国家が相次いで独立していた一九五〇年代ゆえの勇み足であろう）。

ただし、同論文の論点はあくまでナショナリズムであり、「開国」というテーマが十分に論じられているわけではない。しかも、丸山はこの直後に結核を発症し、結局、一九五六年まで闘病生活を余儀なくされることになる。

長い闘病生活から復帰した丸山が、改めて「開国」の問題をとりあげたのは、「日本の思想」（一九五七年）においてであった。この論文で丸山は、「日本の思想」一般を論じるという課題に挑み、日本の思想には機軸や座標軸というべきものがなく、制度をつくりだして主体的に働きかけていく精神を欠いているため、現在に至るまで多くの思想的混迷が生じたとの見解にたどりついた。特に丸山は、明治日本による近代化が、前近代性を温存、利用しながら行なわれたことを問題視しており、

「開国」はその根源的な要因として想定されている。

また、同論文では、戦後を新たな「開国」の時代とする認識がはっきりと示され、現在は「第二の開国」だとされる（集⑦二四二頁）。つまり、日本の伝統思想は明治の「開国」にあたって新たに流入する思想と対決したり、それらを整序したりするような原理として機能しなかったために、「第二の開国」である現在において思想的混迷があらわになっているのであり、新たな「開国」に際してわれわれは主体性を確立すべきだ、と丸山は主張するのである。

さらに、その約一年後に発表された「武田泰淳『士魂商才』をめぐって――近代日本と士魂商才」（一九五九年）では、丸山は現在を「第三の開国」として位置づけ直した（集⑧一〇頁）。ここで丸山が設定する「第一の開国」とは、戦国時代のキリシタンを通じての開国であるが、それは全面鎖国に終わったという。「第二の開国」は明治維新であり、日本は〝使い分け〟開国を行なった。そして、「第三の開国」である現在は、開闢《かいびゃく》以来はじめての全面開国であるとする。こうして丸山は、現在の位置づけと「開国」の段階をとらえなおすと同時に、「開国」を単に歴史的な事件としてだけではなく、普遍的に起こりうる事象として受けとめ、問題意識を新たにしていると言えよう。

以上のように、敗戦直後の丸山は「開国」を自らが体験することでその問題の意義や重要性を全身で受けとめながらも、当時の政治情勢や、政治学者として活動することを余儀なくされた事情、さらには結核による長期休養など、様々なめぐりあわせの悪さにより、この問題にじっくりと向き合うことができずにきた。そのため、「開国」が近代日本の抱える諸問題の根源的な原因であることを認識しつつも、「開国」という問題そのものをとりあげて論じるまでには至らなかった。しかし、ついにここにきて、丸山は「開国」という問題に正面から向き合わざるをえない地点まで来ている。そして、まさにこのタイミングで「開国」と題する論文が執筆されるのである。

「開国」論文について

「開国」論文は、一九五九（昭和三十四）年初頭に発表された。論文の導入部で丸山は、「開国」を二つの事柄を意味する言葉として規定している。

ひとつは、(a)歴史的な出来事としての「開国」。

もうひとつは、(b)「閉じた社会」から「開いた社会」への推移を意味する「開国」。

そして、特に幕末期の「第二の開国」について、この二つの側面から分析を行なって思想史的な位置づけをおこなうことが「開国」論文の目的であり、それが「第三の開国」を迎えた現在に必要な課題であるとしている。以下、この論文の内容について少し詳しく見ていきたい。

「開国」論文は、全部で八つの節から構成されている。第一節は、前掲の「開国」についての定義と論文の目的を述べた箇所である。第二節では、幕末の「開国」を論じる前段階として、徳川幕藩体制の「鎖国」について述べられる。丸山はここで、徳川幕府が社会の流動化を阻止し、階層関係を細分化することで大小無数の閉鎖的な社会を形成したため、それによって幕藩体制が停滞的な安定を得ていたことを説明している。

そして、いよいよ丸山の論述は幕末の「開国」に及ぶ。第三節では、まず思想史的な問題をとりあげる前段階として、黒船の来航が世間に与えた衝撃とそこでの人々の反応が描かれる。続いて、第四節でようやく思想史的な問題に論を転じ、幕末の日本が「開国」にあたって、国際社会の認識については既存のイメージを仲立ちとして（例えば列強諸国の関係については大名分国制を、国際法については「天道」の観念を読みかえた）、また、開国政策の正当化については、佐久間象山《しょうざん》（一八一一―六四年）の「東洋道徳、西洋芸術」（芸術＝学芸や技術）の言葉にあらわれているような、技術のみを限定して受容するという〝使い分け〟によって対応したことが論述される。対して第五節では、そのようにして「開かれた」のが、あくまでもナショナルな次元においてであり、個人の次元ではなかったことが留保としてつけ加えられる。

そして論文の後半では、「閉じた社会」の解体がもたらすアナーキーと、「開かれた社会」の芽生えが問題とされ、前者については第六節で経済の混乱や道徳的頽廃の様子が描かれ、後者については第七節から第八節にかけて明六社《めいろくしゃ》の活動や民権運動が挙げられる。そして最後に丸山は、明六社のような自主的結社の伝統が定着しないと一切の社会集団が国家に呑みこまれてしまうと述べ、明治以来の日本の発展は、社会が「開かれた」のではなく、一つの「閉じた社会」にエネルギーを結集したことによるものであったと結論づけている。以上が、「開国」論文の主な内容である。

しかし私は、この論文は「開国」について論じきれていないという印象を強くもつ。それは第一に、丸山が問題の核心を扱うのを避けているからである。かねて丸山は、「開国」とは、「国際社会に向けて国を開くと同時に、自己を統一体として自覚するパラドックスの経験」、もしくは「ヨーロッパ文明をとり入れないでは、もはや自身を保つこともできないという状況に置かれるパラドックス」と規定していた。それが、日本思想史における最重要課題であり、日本のみならず西洋以外の各国に共通する「開国」（「外からの近代」）という問題の核心である。しかし、「開国」論文では総じて社会状況を描くことに終始しており、様々なパラドックスやジレンマを強いられる「開国」の思想史的意味や実態について考察や分析を深めた形跡はない。

論文は、(a)歴史的な出来事としての「開国」、(b)「閉じた社会」から「開いた社会」への推移としての「開国」に注目するが、どちらも決して深く掘り下げて論じられていないのではないか。(a)については第四―五節で論じられるが、これらは『日本政治思想史研究』（東京大学出版会、一九五二年）での幕末期の研究成果を整理し直した程度のものである。また、(b)は第六―八節にあたるが、丸山はアンリ・ベルクソン（一八五九―一九四一年）やカール・ポパー（一九〇二―九四年）が提示した「閉じた社会」と「開いた社会」という枠組みを用いて、幕末期の「開国」に伴う諸現象を「閉じたもの」と「開いたもの」にそれぞれ振り分けたに過ぎない。

すでに述べたように、この時期の丸山は論文や講演において、日本の「近代化」をテーマとして、「開国」論文と同様の主張を変奏してくり返していた。各変奏の基調となるのは「日本の思想」（一九五七年）で、これらに共通するのは、①現在の思想的混迷の根本的な原因が「開国」にあり、②近代化の停滞やそこで生じる様々な病弊を指摘しつつ、③これらを認識することで事態を克服しようと説く、という構成である。「思想と政治」、「思想のあり方について」（一九五七年）、「ベラー『徳川時代の宗教』について」（一九五八年）、『「である」ことと「する」こと』、「開国」、「近代日本の思想と文学」（一九五九年）はそうした変奏であり、要するに、「開国」論文は変奏のひとつに過ぎないのである。

このとき、丸山は近代日本の病弊を分かりやすく示すために、例えば『「である」ことと「する」こと』（一九五九年）では、「である」と「する」という枠組みを用いているが、「開国」論文では「閉じる」と「開く」という枠組みが同じように用いられたことになる。つまり私は、丸山が「開国」論文において、「開国」という問題をこの二分法を用いて体《てい》よく〝さばいた〟もしくは〝こなした〟という印象を受けるのである。

では、なぜ丸山はここで「開国」について論じきれなかったのだろうか。

それはおそらく、単に拙速だったためで、丸山が「開国」という問題の本質を十分にとらえきれていないうちに、「開国」論文を執筆したからであろう。このとき丸山はまだ「開国」についていろいろと考えをめぐらせている段階にあり、のちに「古層」論として展開されるアイデアを思いついてはいたが、十分にまとまっていなかった。

「古層」論とは、日本が大陸と微妙な距離をもつ島国であるがための文化受容の特異性に注目し、そこであらわれる日本的な思想の特徴をとらえようとする試みのことである。「古層」論の基盤となる大陸との微妙な距離について、丸山はすでに一九五八年度の講義で論じており、「武田泰淳『士魂商才』をめぐって」（一九五九年）でも同様の問題意識を示している。しかし、それらはまだ着想段階にあり、「開国」という問題との関連も十分に定まっておらず、「開国」論文執筆時の丸山が一朝一夕に問題の本質を論じることは困難であった。

また、「開国」という問題と、民主主義者としての丸山の相性が良くないことも、「開国」論文の不出来のひとつの要因と考えられる。「開国」や「外からの近代」は、様々なジレンマや歪みをもたらす現象としてある。一方、戦後民主主義者としての丸山は、民主主義を日本に根づかせるべく、例えば砂漠で生まれたキリスト教がヨーロッパに根づいたように、思想がどこで生まれたかは問題でない（集⑪二一九頁）と力説する立場にあった。つまり、「開国」に伴うジレンマと、丸山が望む民主主義のスムーズな根づきは、どこか衝突してしまうような関係にある。民主主義者としての丸山の願望は、ひそかに「開国」という問題の本質から丸山を遠ざけるかたちで作用したのではないだろうか。[2]

以上のような理由により、丸山は「開国」論文において、「開国」という問題を論じきれていないと私は考える。

一九六〇年代以降の日本思想史研究

では、「開国」論文以降の丸山の日本思想史研究とはいかなるものであったのか。次に、一九六〇年から丸山が亡くなる一九九六年までの研究成果を対象として、その展開を見ていきたい。

対象期間は三十余年に及ぶが、この間に丸山が残した研究は、年月の割には多くない。そのうえ、丸山が本腰を入れてとりくんだ日本思想史研究となると、さらに数が限られる。そこで以下の部分では、決してはずすことのできない四つの研究を概観するかたちで、丸山の日本思想史研究の展開を追っていこう。

「忠誠と反逆」（一九六〇年）

まずは、一九六〇（昭和三十五）年初頭に発表された「忠誠と反逆」である。同論文は、先にも述べたが、日本における「忠誠」と「反逆」の概念について、近代までの変遷を追った長編論文である。特に丸山は、「忠誠」や「反逆」の対象が将軍から天皇へと大きく転換し、その相剋が最も激しかった幕末・明治期について重点的に論述していく。そして、明治維新の福沢諭吉、自由民権運動、初期のキリスト者である内村鑑三、ある種の伝統主義者や社会主義者（三宅雪嶺《せつれい》、山路愛山《やまじあいざん》、徳冨蘆花《ろか》、田岡嶺雲《れいうん》）などの行動様式に、前時代的な武士の気概のような「抵抗の精神」、「抵抗のエネルギー」を見出し、それらを「武士のエートス」と名づけた。

例えば福沢諭吉は、明治政府の立場から忠臣と逆賊をア・プリオリに判定するような区別を、単なるレッテルとして否定する。対して、西南戦争を起こした西郷隆盛（一八二七—七七年）に見られるような「抵抗の精神」こそが、日本にとって本当に必要なものだと主張した（『瘠我慢の説』一九〇一年）。つまり福沢は、封建社会における恭順の姿勢が生きのび、皮肉にも〝上から〟の文明開化を支えていることを問題視し、むしろ三河武士の魂のような「抵抗の精神」を、文明を推進するエネルギーにすべきだと考えたのである。

もちろん丸山は、この論文で、士族の消滅を惜しんで「武士のエートス」を懐古しているのではない。近代日本が旧体制下の忠誠構造の何を引き継ぎ、何を引き継がなかったのかを見極めつつ、ここで「武士のエートス」としてあらわれたような「抵抗の精神」、「抵抗のエネルギー」の伝統を可能性において読みとり、それを自分たちの新たな伝統として現代に生かそうとしているのである。丸山が見出した「武士のエートス」とは、彼の「哲学」が求める「矛盾の積極的意義」であり、丸山という凧が逆風に立ち向かう際の気概だと言えよう。

しかし丸山は、「忠誠と反逆」の発表直後に、思いがけず安保闘争のうねりに巻き込まれ、翌一九六一年末から六三年にかけては、英米の大学の招聘を受けて（ハーバード大学、オックスフォード大学セント・アントニーズ・カレッジ）、日本を離れることとなった。

この時期の丸山の心境を明確に記した文章はない。しかし私は、一九六〇年代前半の数年のあいだに、丸山には重大な変化が起こったと考える。それは、自分に不利な世の中の動向によってやる気を起こすタイプの人間である丸山が、安保闘争後のひどい宿酔や、高度経済成長へと続いていく経済発展のなかで、今までのような研究に対する張り合いをなくしてしまったことである。もちろん、経済成長によって蔓延したアパシーも丸山にとって好まざる状況ではあったが、それは戦中の国家主義的・軍国主義的な動向や戦後の「逆コース」などとは異なり、丸山にファイトを起こさせる類のものではなかった。

したがって、一九六〇年代以降の丸山の研究が、それまでとは違ってどこか充実しておらず、生き生きとした感じが失われたことには、病気や体調不良などの肉体的な要因もあるが、最大の理由は、社会情勢の変化によって研究に対する張り合いを失ったことだと私は言っておきたい。その後に発表した論考は、いずれも丸山が一九五〇年代までに時代と格闘するなかで生み出したアイデアの残留物であり、それらの発想やひらめきが、いわばマリンスノーが海底に降り積もるようにして形になったものである。[3]

「東洋政治思想史講座」（一九六四―六七年）

一九六〇年代のもうひとつの日本思想史研究として挙げられるのは、帰国後の一九六四（昭和三十九）年から六七（昭和四十二）年にかけておこなわれた、東大法学部の東洋政治思想史講座における講義記録である。現在、これらは『丸山眞男講義録』第四—七冊（東京大学出版会、一九九八—二〇〇〇年）として刊行されている。丸山はここで四年の歳月をかけて、古代から近世までの日本思想史を通史的に論じる講義をおこなった。

東洋政治思想史講座は、津田左右吉や村岡典嗣《つねつぐ》（一八八四—一九四六年）から受け継ぐかたちで、丸山が戦前から担当していた授業である。結核で入院する一九五〇年までは、主に『日本政治思想史研究』で論述した江戸時代と明治時代前期が対象とされていたが、病気から復帰した一九五六年に内容が大きく変更され、古代に遡って講義がおこなわれるようになった。これは、すでに見たように、日本の思想を包括的に論じるという難題を課せられた「日本の思想」（一九五七年）の執筆に向けたものであり、また、この時期に政治学から日本思想史へと回帰し、〝本業〟にしっかり取り組もうとする丸山の決意のあらわれとも言えよう。以後、試行錯誤のなかで丸山の通史は練り上げられていくが、一九六四年から六七年にかけての講義はそのひとつの達成を示すものである。[4]

丸山は通史を講義するうえで、津田左右吉の『文学に現はれたる我が国民思想の研究』や和辻哲郎（一八八九—一九六〇年）の『日本倫理思想史』を念頭においていたはずである。彼らは偉大な先達であり、丸山は両者の大学での講義を聴講していた。そして、津田や和辻に倣って、丸山は丸山なりの切り口で通史を語ることを目指したと考えられる。もちろん、いずれは津田や和辻のように著書にまとめるつもりであったに違いないが、結局、丸山の健康状態や意欲が伴わなかったために実現せず、講義録や受講生のノートを整備して出版するという選択がとられたのだろう。

では、次に講義の内容について見ていくが、ここでは史実や解釈の細かな検証はしない。私にとって重要なのは、丸山が通史を講義するうえで、何を切り口としたのかである。

そこで、丸山の講義の構成に注目すると、共通しているのは、それぞれの年度初めに「古層」論（当時はまだ「古層」ではなく「原型」と呼ばれていた）について説明し、続いてある特定の時代を選んで講義するという流れである。この形式で、丸山は四年をかけて古代から近世までを論じた。四年間の講義の内容を目次風に示せば、次のようになる。

一九六四年：古層論、古代天皇制の正統性、儒教や仏教の受容、鎌倉仏教
一九六五年：古層論、武士のエートス論（鎌倉時代〜戦国時代の武士道について）、神道のイデオロギー化
一九六六年：古層論、キリスト教の移入、江戸時代の儒教思想
一九六七年：古層論、江戸時代の儒教思想、国学

この講義を貫く丸山の関心のひとつは「正統性」である。丸山は日本政治思想史を専門とする立場から、天皇や幕府がいかなる理由で権力の正統化をおこない、また、外来思想が教義とする正統性をとりいれつつ変容したり、日本に由来する正統性をイデオロギー化していく過程など、正統性をめぐる運動を追っている。

しかし、丸山の通史のオリジナルの切り口は、なんといっても、「正統性」が問題化する要因でもある外来思想との文化接触、すなわち「開国」であろう。それは、毎年度の講義が古層論ではじまることからも明らかである。四年間の講義の主な流れを示せば、「古層論」→「儒教の移入」→「仏教の移入」→「武士のエートス論」→「キリスト教の移入」→「朱子学の移入」→「国学」となるが、これはつまり、外来思想を受容し変容する日本思想の特徴を示したうえで、儒教、仏教、キリスト教など外来の原理的・普遍的な思想がもたらされる各時代の「その度ごとの開国」をとりあげた構成と言えよう。さらに、儒教、仏教、キリスト教、朱子学のあとには、明治維新、敗戦という「開国」があったわけであり、ここではついに現在は「第六の開国」である計算になる。[5]

そして丸山は、「開国」という事態に対応する主体性（その気概やエネルギー）や、普遍的な思想の根づきに注目する。前者は「武士のエートス論」であり、後者については、外来思想の受容過程とともに、日本独自の普遍思想を生み出した鎌倉仏教、神道のイデオロギー化、朱子学を日本的に変容した国学などが描かれるが、総括すれば、丸山の論点は、「開国」の場面における、「原理的で普遍的な思想」と「土着的な思想」のせめぎあい（原理 vs. 古層）であると言えよう。[6]

「歴史意識の『古層』」（一九七二年）

続いて、一九七〇年代の丸山の日本思想史研究を見ていこう。一九六〇年代以降の低調な研究活動をさらに妨げたのは、一九六八（昭和四十三）年以来の東大紛争であった。

もともと東大医学部での抗議行動に端を発する東大紛争は、一九六八年六月に全学部へと拡大し、全共闘の学生が法学部研究室を封鎖してからは授業が休講となり、丸山の研究活動も休止状態になる。このとき丸山は法学部の所蔵図書を守るため、明治新聞雑誌文庫に泊まり込んだ。戦争中に入り浸って研究をしたこの場所は、彼にとって学問の自由を守るための場所である。しかし、真冬にもマット一枚で泊まり込み、喧噪のなかで眠るために睡眠薬をウイスキーで飲んでいたことが、丸山の肉体に大きなダメージを与えた。丸山はのちに肝臓ガンで亡くなるが、その遠因としての被爆体験とともに、このときの習慣が肝炎を悪化させる直接的な要因になったと思われる。

また、いわゆる「つるし上げ」も、丸山に大きな肉体的負担を強いた。「つるし上げ」とは、学生たちに拘束され、ほとんど会話が成立しないなかで大学側の責任や自身の態度について詰問されたり、罵声を浴びせられたりすることを指す。一九六九（昭和四十四）年三月、丸山は「つるし上げ」にあった直後に心電図に異常が見られ、そのまま病院に運ばれた。検査の結果、心配された心不全ではなかったが、慢性化した肝炎が発覚し、約二年間に及ぶ療養生活を余儀なくされる。そして療養中の一九七一（昭和四十六）年三月、定年まで四年を残して、東京大学法学部教授の職を辞した。「歴史意識の『古層』」（一九七二年）は、この間の長い沈黙ののち、丸山が病気から復帰してはじめて発表した論文である。

では、古層論文の内容を見ていこう。「古層」とは、すでに述べたように、日本に由来する特有の発想や思考のパターンを意味する。同論文において丸山は、記紀神話を対象として日本の歴史意識の「古層」を探り、「つぎつぎとなりゆくいきほひ」というリニアーな発想を見出した。つまり、有機物の発芽・生長・増殖のイメージである「なる」が日本の歴史意識を規定しており、そこでは「いきほひ」が徳として考えられるとともに、過去や未来の一点を重視する復古史観やユートピア思想とは違って「いま」が尊重され、それが「つぎつぎ」と連続性を生むかたちで「永遠の今」という日本特有の無窮性の観念を形成しているという。この歴史意識の「古層」が、外来思想を「日本的」に変容する。

古層論文は、記紀に関する豊富な引用や論証で肉付けされているが、その骨子は極めてシンプルであり、丸山の主張は「なる」に規定されたリニアーな発想を指摘する一点にある。こうした論述や構成のシンプルさは、研究に張り合いをなくした一九六〇年代以降の丸山の論文のひとつの特徴である。それ以前の丸山は、世の中の動向や風潮に抗うなかで、思考するまま論述していたので文章に緊張感が満ちていたが、古層論文では逆に、骨子が完全に決定されたうえで資料的な肉付けが施される構造のため、簡潔で分かりやすい反面、迫力がなく平板である。

また、このような書き方であるため、論述から丸山自身の心情をそのまま読みとることは難しい。唯一、「むすび」の部分で、現在の世の中に見られる、なりゆきまかせで今を謳歌する無規範な「古層」的行動が批判的に指摘されており、このとき丸山の脳裏には全共闘の学生たちや、彼らの〝教祖〟たる存在で、丸山を「西欧の原理や普遍性に寄りかかった、形式ばった思想家」と批判していた吉本隆明が思い浮かんでいたかもしれないが、そのシンプルな論述から東大紛争の影を十分に見てとることはできない。むしろ、古層論文においては、そうした主張を込めずに形式的に淡々と論述する行為自体が、大学紛争で野放図に憤懣を爆発させた学生たちに対するメッセージであり、吉本隆明に対する無言の回答であったと言えるだろう。

なお、丸山は歴史意識のほかに、政治意識と倫理意識の「古層」についても、一九七〇年代に海外のセミナーで発表している。[7] これらは、いずれも一九六〇年代の講義ですでに言及されていたが、一九七〇年代にその見解をまとめあげたと見ていいだろう。

このうち、政治意識の「古層」とは、日本において正統性の所在（権威）と政策決定の所在（実権）が分離して存在し、しかも実権が下降化、身内化していく現象のことである。例えば、日本では天皇と幕府がそれぞれ別に存在したが、もとをただせば、天皇が権威と実権の両方を持っていたのであり、やがて摂政や関白に実権を譲り、さらにそれが幕府の手に移るかたちで、権威と実権が分離したわけである。そして、実務的な役職であるはずの将軍も、徐々にその実権を下に譲って、権威的な存在になっていく。つまり、日本社会における権威と実権は、この分離パターンを幾重にもくりかえすのである。[8]

一方、倫理意識の「古層」とは、感情の自然な動きや動機の純粋性を「善」とする価値判断のことである。例えば、上代のアカキココロ、キヨキココロという表現にあらわれているような、「正直」や「無私」の状態がそれにあたる。丸山は、日本には善悪についての普遍的な基準はなく、自分たちにとってよいか悪いかに応じて（＝集団的功利主義）、善か悪かが判断されることを指摘している。[9]

「闇斎学と闇斎学派」（一九八〇年）

古層論文以降、丸山が本格的にとりくんだ論文は、「闇斎学と闇斎学派」（一九八〇年）までない。

そして、彼が本腰を入れた論文は、結果的に闇斎論文が最後のものとなった。同論文は、『日本思想大系』（岩波書店）の「山崎闇斎学派」の巻の解題として執筆されたもので、山崎闇斎《あんさい》（一六一八―八二年）や彼が創始した崎門《きもん》学派の学者たちについて丸山が詳しく論じるのは今回が初めてである。闇斎論文で丸山は、「正統と異端」を分析枠組として用いた。丸山によれば、「正統と異端」は「忠誠と反逆」と同様の問題系に属する。つまり、何を正しく、何を間違っているとするのか、それを被統治者側から（＝下から）とらえたものが「忠誠と反逆」で、逆に統治者側から（＝上から）とらえたものが「正統と異端」という問題になる。[10]

そして、「忠誠と反逆」や「正統と異端」という問題において、丸山が常に注目するのは、そこで生じる衝突や矛盾である。つまり、「忠誠／反逆」とは何か、「正統／異端」とは何かということ自体よりも、むしろそれらをめぐる議論や主張のせめぎあいや、個人の内面の葛藤などに丸山の関心は向かう。

実は、丸山は「正統と異端」という論文を、「忠誠と反逆」と同じく『近代日本思想史講座』（筑摩書房）の同名の巻の巻頭論文として、一九五〇年代後半に執筆するはずであった。当初、丸山は天皇制や共産党において「正統」という立場がふりまわされていたことから、「正統と異端」という問題意識をつかんだという。しかし、ちょうどその頃から両者が急激に権威を失い、次第に論文を執筆する機会と意欲を失っていった。とはいえ、出版社側はすでに購入者から予約の代金を受けとっており、執筆しないでは済まされない。丸山は亡くなる数年前まで、断続的にこの論文の執筆にとりくんでいたという。だが、結局は日本の事象を「正統と異端」という枠組みで分析することの難しさがネックとなり、ついに完成には至らなかった。

丸山によれば、正統にはオーソドキシー（教義や世界観についての正統：「O正統」）とレジティマシー（統治者や統治体系についての正統：「L正統」）があり、前者の「正統」に対して、後者を「政統」と言う。そして元来、日本には政治的正統はあっても思想的正統は存在しないため、「正統と異端」を分析枠組とすることは有効ではなく、むしろ不可能であった。丸山は、以上の困難を十分に自覚しつつ、闇斎論文を執筆することとなる。

では、闇斎論文の内容を見ていこう。論文の趣旨はシンプルで、丸山は闇斎学派の本質を、「正統と異端」という枠組みを使って説明したいのである。そこで丸山は、闇斎学派が「正統とは何か」という問いを基底として、まとまったり、分裂したりしながらダイナミックに形成された集団であることを指摘し、特にそこで彼らが「天皇家の正統性」を論点として、普遍的な基準に拠るべきか、もしくはアマテラスの神勅《しんちょく》といった土着の特殊性に依拠するのかという問題につきあたった模様を描いた。つまり、闇斎学派は「正統と異端」という問題に日本でかつてもっとも厳しくとりくみ、そこで丸山と同じく「原理 vs. 古層」、「普遍 vs. 土着」という事態につきあたった格好の事例なのである。そして、その厳格さゆえに、闇斎学派は日本において「正統と異端」という分析枠組が有効に機能しうる例外的なケースなのであった。

しかし、闇斎論文における丸山の論述は、書き進むにつれて乱れていき、七転八倒する。論文は八つの節から構成され、闇斎学派と「正統と異端」という問題についての大まかな枠組みを示した第三節までは比較的すっきりと書けているが、それ以降の論述は非常にもたついている。第四節以降は、「正統とは何か」という問いに引き裂かれた闇斎学派の論者たちの限界を指摘しつつも、まるでその袋小路に丸山自身が陥ったかのように迷走する。そして結局、多岐にわたる論点をまとめきれずに投げ出してしまっており、はっきり言って、この論文は失敗作と言わざるをえない。闇斎学派の限界を示したようでいて、まるで丸山自身の限界を露呈しているかのようである。

丸山はなぜこれほどまでに苦しんでいるのか。おそらくその原因は、論文のテーマの難しさにではなく、丸山本人にあったと私は考える。[11]

つまり、端的に言えば、丸山に論文を執筆するだけの体力と気力がなくなったのである。もともと戦時中から、世の中の好ましくない動向に立ち向かうなかで論文を執筆してきた丸山だが、平和と豊かさで満たされた時代にはそれが困難となり、闇斎論文ではなんとか自らを奮い立たせているものの、もはやそれをコントロールするだけの体力と気力がない。そのため、論文は一気に書かないと気がすまないという丸山が、闇斎論文には半年もの時間を要し、さらに論文を書きあげた直後に、腸が蠕動《ぜんどう》停止状態となって病院に運ばれている。

このとき丸山はまだ六十代半ばである。しかし、すでに四十代後半からかつてのような研究に対する張り合いをなくして徐々に論文を書けなくなっていたのであり、執筆者としての命運はここでついに尽きたと言えよう。闇斎論文は、「日本思想史家」丸山眞男の最期の闘いの記録であり、墓標である。[12]

さて、ここまで一九六〇年代以降の丸山の研究を見てきたが、以上の検証から、改めて確認できることがある。それは、丸山がとりくんでいた課題はすべて、「開国」や文化接触についての問題だということである。完成しなかった論文「正統と異端」を含め、それぞれの論点は次のようにまとめられるだろう。

「忠誠と反逆」：「武士のエートス」
『講義録』：「古層 vs.原理」、「武士のエートス」
古層論文：「古層 vs.原理」（特に「古層」について）
闇斎論文：「古層 vs.原理」
「正統と異端」：「古層 vs.原理」（特に「原理」について）、「武士のエートス」

このことは、丸山が「開国」という問題を生涯にわたって追い続けたことを示している。つまり、「開国」論文（一九五九年）では、「開国」という問題を十分に論じきれなかった丸山だが、彼はそれ以後も「開国」を問題にし続けたのである。

しかし一方で、一九六〇年以後の研究の歩みは、「開国」論文で追いきれなかった問題の本質を、改めてとらえ直して論じるような情熱や努力を感じさせるものではない。では、丸山には何が足りなかったのだろうか。最後に、丸山の日本思想史研究の問題点を指摘するうえで、次の三つのことを考えてみたい。それは、(1)「開国」とは何か、(2)「日本」とは何か、(3)「古層」論とは何か、である。

「開国」とは何か

丸山の日本思想史研究の歩みは、戦前から戦後にわたって六十年間に及ぶものである。このうち、戦前の丸山は「近代の超克」（西洋近代をのりこえること）への関心をもちつつ、日本における近代的思惟様式の成長を問題としており、戦後の丸山は「開国」（「外からの近代」）という問題を追い続けた。つまり、戦前戦後を通じて、いずれも外にある「近代」への対処を問題としており、丸山の日本思想史研究は、「開国」という問題意識によってすべて統合される。

だが、丸山が一生をかけて「開国」という問題を追いながら、その本質をとらえきれていないと私が結論づけるのは、きわめて単純な理由による。それは、丸山の主義主張（主体性を持つべき、日本は開かれるべき、など）が邪魔をして、「開国」前後の思想的状況やその意味を分析することができていないからである。

例えば、幕末の「開国」において、偏狭でナルシスティックな一面を持つ尊皇攘夷思想が、維新の実現に寄与した思想であることは疑いようもない。しかし、丸山はこれらの右翼的な思想をほとんど扱おうとせず、例外的に山崎闇斎学派を扱ったときには、その拒否反応もあってか、論文が破綻したことは先に述べたとおりである。

また、日本の思想を評価することにも、きわめて禁欲的である。戦前は、近世日本に内発的な近代思想の芽吹きを見出したが、『日本政治思想史研究』の見解でさえ、否定や撤回はしないにせよ、後年の講義では次第に退けていった。結局のところ、丸山は自身が見出した江戸時代の自前の近代思想と日本の近代化との関係性をうまく説明できていないと言わざるをえない。戦争体験をもとにした丸山の信念や拒否反応は理解できるが、思想を分析するうえではそれが色眼鏡となっているのである。

そこで私は、丸山の研究成果を受けとりながらも、色眼鏡をはずしてそれらをプレーンに見てみたい。すると、通史としては六度もの思想的な「開国」状況を経験し、その度に「古層」と「原理」のせめぎあいが生じるなかで、日本が毎度の「外からの近代」に対して〝ジタバタ〟と焦って対処する姿が見えてくるだろう。この〝ジタバタ〟する反応力と、そうしてきた伝統こそが、たび重なる「開国」において日本の立場を保たしめたのであり、これが日本における「開国」の実体なのではないだろうか。

したがって、「開国」という問題を扱うのであれば、丸山のように、日本は外来の原理的・普遍的な思想を自分のものにできなかった、と片づけてしまうのではなく、ここで起こっている事態を説明できなければならないだろう。つまり、日本の思想が原理的で普遍的かという丸山の視点とは別に、そこでいかなる思想が生まれ、いかに用いられ、どのような形で人々をとらえて現実を動かしたか、という実態調査とその解明が必要となるのである。

例えば、尊皇攘夷思想や皇国思想など、いわゆる現人神《あらひとがみ》を生み出した系列の思想については、丸山のみならず日本思想史という学問が、戦前は国粋主義のなかで盲目となり、逆に戦後は反動から目をそむけ、いまだにうまく扱うことができていないが、それらと一線を画すのが山本七平（一九二一―九一年）の『現人神の創作者たち』（文藝春秋、一九八三年）である。

同書によると、尊皇攘夷思想や皇国思想は、徳川幕府が官学とした儒教の正統論と日本の伝統が習合して生まれた。要は、幕府が秩序安定のために移入した朱子学は、中国への強いあこがれを生み出したが、やがて明《みん》王朝が異民族に滅ぼされると（一六四四年）、今度はそれが裏返されて、「日本こそが本当の中国だ」とする〝本家気どりのナルシシズム〟があらわれる。[13] そして、朱子学の教義や正統論が日本風に曲解、変容される際に、崎門学（山崎闇斎学派）は天皇の正統性を論理づけ、水戸学はその正統性に基づいた歴史を描き直す役割を果たした。これらの史観は、頼山陽《らいさんよう》（一七八〇—一八三二年）の『日本外史《にほんがいし》』（一八二七年）によって広く知られることとなる。

また、山本七平が重視するのが、浅見絅斎《けいさい》（一六五二—一七一一年）の『靖献遺言《せいけんいげん》』（一七四八年）である。山本によると、闇斎の高弟によって書かれたこの書が、正統たる天皇のためには命を投げ出すことも辞さない行動様式を植えつけたという。[14] このようにして、江戸時代の日本では対外関係における自尊心の高まりとともに、天皇を正統な権威とする思想が根づいていき、これらの思想が外圧の脅威があらわとなった幕末の非常時に掲げられ、人々の危機感を結集する看板のような役割を果たし、明治維新を招来する力となるのである。

そう考えると、尊皇思想の様々な弊害を含めても、その評価は両面的かつ多面的であるべきだろう。外来思想や外圧に対して、敏感かつ不恰好に〝ジタバタ〟と反応する際の思想を、雑種的で不完全なものとして切り捨てるのはたやすい。しかし、思想の価値は、その中身だけにあるのではない。内容とは別に、分かりやすさ、使い勝手、喚起力など、役割のままに位置づける尺度も必要であろう。つまり、思想史という学問は、思想の「意義」や「価値」を吟味するばかりでなく、思想の「用途」や「役割」を読み解いていくべきだと私は考える。

私がそう主張する理由は二つある。ひとつは、「開国」に際して〝ジタバタ〟する力やナルシスティックな思想が、それはそれで価値のあることだと考えるからである。単純な比較はできないとしても、アジアとアフリカがいずれも西欧諸国によって植民地支配を受けた経験をもちながら、相対的にアジアのほうが奇跡と称されるような発展を遂げてきたことには、歴史的に「外からの近代」に接してきた機会の違いや、そこで〝ジタバタ〟するエネルギーの有無にもその一因があるのかもしれない。

もうひとつの理由は、丸山が戦争体験によって培《つちか》った問題意識は十分に理解できるが、それとは別に、戦後世代にはそれ相応の問題設定や、歴史に対する距離のとり方があるべきだと考えるからである。また、そうすることが、日本思想史という学問を戦争世代から本当の意味で引き継ぐことになるだろう。そのためには、今ある日本思想史の研究蓄積を引き継ぎながらも、それにビルトインされている分析視角にとらわれることのない姿勢が必要である。

「日本」とは何か

次にとりあげるのは、「日本」とは何か、という論点である。丸山の「開国」についての理解、ひいては日本思想史についての理解の根底には、荻生徂徠や本居宣長に端を発する、日本および日本人の自己理解の誤りがあることを指摘しておきたい。

吉川幸次郎《よしかわこうじろう》（一九〇四—八〇年）によると、漢文が外国語であることを改めて発見したのは、江戸時代の荻生徂徠《おぎゅうそらい》（一六六六—一七二八年）である。[15] つまり、日本人は千年以上にわたって漢文に接し、それを訓読する作業をあたりまえのようにおこなってきたが、徂徠は本来ならばその国のその時代の言語のままに読まれなくては正しい意味やニュアンスをくみとれず、どうしても「和臭《わしゅう》」（日本的解釈）を伴った理解となることを指摘した。これにより、身近な存在であった漢文テクストの異質性が意識されることとなる。そして徂徠は古文辞学《こぶんじ》という古語研究によって、儒学の聖典である六経《りくけい》（詩・書・礼《らい》・楽・易・春秋）の古代中国語を原典のままに読解することを試みた。

この徂徠の方法論を引き継ぎつつ、対象を中国から日本へと移したのが本居宣長《もとおりのりなが》（一七三〇―一八〇一年）である。宣長は、徂徠とは逆に、『古事記』の字義研究をおこなうことで、漢文テキストが移入する以前の「原日本」のあり方を探った。『古事記』を用いたのは、日本最古の史書であるとともに、正史として厳密な漢文体で書かれた『日本書紀』に比べて、古語が尊重された記述がなされているからである。以来、無意識に併存していた大和《やまと》言葉と漢語、日本文化と中国文化のあいだに明確な線引きがおこなわれ、しかも、そこで日本のアイデンティティは、外来文化や外来思想を除外するかたちで設定された。丸山の表現を使えば、「古層」と「原理」の対比のうち、「古層」の方に「日本的なもの」は見出されたのである。

しかし、私は疑問に思う。果たして、「古層」は「日本的なもの」なのだろうか。このような形で見出された「日本」は、私たちの文化が形成された経緯やその特質を本当に言い当てているのだろうか。

丸山の日本思想史研究が示すように、日本はたびたびの「開国」を経験してきた。しかも、丸山の区分では六度だが、思想に限らず様々な技術や知識の移入を含めれば、日本は何度「開国」を経験したか分からないほどである。また、「鎖国」政策をとった江戸時代も、中国の文物を通じて多分に西洋文明と接触していた。ならば、丸山の区分も間違いではないが、その一方で、日本は有史以来、

「開国」を常態としてきたとする見方が必要となるだろう。むしろその方が、列島が経験した歴史的事実を正確に説明することになる。「日本」というものの本質を、文明の影響を排除したところに見出すことなどできないのである。

そもそも、「日本」や「天皇」という我が国を象徴する存在自体が、文明の影響なしには考えられない。それらは、七世紀の列島が唐《とう》の建国や百済《くだら》の滅亡などの対外的危機に直面し、文明社会と激しい折衝をおこなうなかで誕生したものである。そして、天皇家の列島支配も文明の力なしには考えられない。古事記に明記されているように、列島のもともとの支配者はオオクニヌシであった。そしていまやオオクニヌシを崇《あが》める右翼や国粋主義者などおらず、もはや純粋な「原日本」に依拠する立場は失われていると言えよう。つまり、日本や天皇という存在そのものが文化接触の産物なのであり、わが国は「原日本」というようなピュアな実体を原初に持たないのである。

では、「日本」とは何か。私はその答えについても、丸山の研究に手がかりを求めたい。丸山は、中国文明の受容について、韓国を「洪水型」、日本を「雨漏り型」と表現した（もう一つの型は、文明が届かない南洋の離島である）（集⑫一四一―一四二頁）。つまり、陸続きの韓国では洪水の如く押し寄せる文明に圧倒されるが、日本には身構えて受容するだけの余裕があるため、ジタバタと対応したり、都合のいいように造りかえることが可能となる。

では、この「雨漏り」受容によって、日本にはどんな思想的状況が形成されるのか。丸山は「日本の思想」（一九五七年）で、日本思想が外来思想と対決せずに雑居してきたことを批判的に指摘した（集⑦二四三頁）。しかし、私はまさにそれらが雑居、併存してきたところに、日本の日本たる特徴は見出せると考える。「雨漏り」受容のために、土着の「古層」的な思考が、文明の「原理」的な思考の流入で根こそぎにされず、両者の併存が可能となるのである。

つまり私は、日本とは「古層」と「原理」のハーフ（ハイブリッド）だ、と言いたい。未開と文明、大和意《やまとごころ》と漢意《からごころ》、土着と普遍、自然と作為などと対比されるものが、どちらも突出せずに絶妙なバランスで並び立つのが、日本なのである（もちろんそれは〝相対的に〟であり、中国、朝鮮、さらには文明の届かない南洋の離島と比べてのことだ）。

しかし、徂徠と宣長が「原日本」という幻想を発生させて以来、国学、尊皇攘夷思想、皇国思想など、戦前の日本で中心的な役割を果たした思想は、この誤った自己理解を継承してきた。そして戦後は、反動でこれらを手放した結果、アイデンティティをなくしている。つまり、日本は長年にわたってあらぬ方向にむかって「自分探し」をおこない、現在もまだ自分を見失った状態にあると言えよう。その意味で、まだ「原日本」の呪縛から抜け出していないのである。

丸山の日本思想史は、後述するように、これらの「原日本」の亡霊を振り払おうとする意図を持つものであったが、それでもツメの甘い部分があったと私は考える。それはひとつに、日本を「開国」を経験する主体として設定したことである。そうすると、「原日本」がおのずと立ち上がってしまうことを避けられない。また、「古層」というような、「原日本」を想起させる紛らわしい言い方も避けるべきであった。これらの点で、丸山は図らずも徂徠・宣長以来の枠組みに足をとられていたのである。

しかし、「古層」論については、現在でも多くの無理解にもとづく批判が見られるため、ここでは改めて、丸山が意図するところを掘り下げて考えてみよう。[16]

「古層」論再考(1)：執拗低音の意味

一般に「古層」論として認知され、本書でもそう呼んできた日本の思想の特徴について、丸山は三つの表現を用いた。「原型」、「古層」、「執拗低音」がそれである。

丸山が「古層」論を思いついたのは一九五〇年代後半であったが、当初は「原型」と呼んでいた。しかし、それでは宿命的な印象を与えてしまうため、一九七〇年頃には「古層」に変更する。ところが今度は、マルクス主義の「下部構造《ウンター・バウ》」や「土台《バージス》」を連想してしまう人が多く、さらに「執拗低音」という音楽用語へと変更した。古層論文の末尾でも、すでにこの「執拗低音」という用語が使われている（集⑩四五頁）。

丸山がこれほどまでに用語にこだわったのは、日本の思想の特徴が表立ってあらわれるのではなく、あくまで外来思想を変容するパターンとしてあらわれるに過ぎないことをなるべくうまく表現したいがためであるが、その辺のニュアンスをより正確に理解するためにも、丸山が最終的にたどりついた「執拗低音」という音楽用語の意味を確認しておきたい。

「執拗低音（バッソ・オスティナート）」とは、音楽辞典では「低音部で一定の音型がたえず反復すること」などと説明されるが、[17] 言葉だけではなんとも分かりにくい。そこで、「執拗低音」をもちいた代表的な楽曲であるバッハの《シャコンヌ》をとりあげて、「執拗低音」とは何であるか、具体的に見ていくことにしよう。[18]

バッハの《シャコンヌ》は、ヴァイオリンの名曲として有名であり、丸山を偲ぶ会でも演奏されるなど、丸山にゆかりの深い楽曲である。シャコンヌは、もともと南米を由来とするスペインの舞曲であったが、次第に「変奏曲」を意味するようになり、バッハの《シャコンヌ》も主題をほぼ八小節ずつ、三十二回にわたって変奏する構成となっている。

まず、主題となる冒頭部分（譜例1）をご覧頂きたい。

このうち、マルで囲んだ部分（レ・レ・ド♯・レ・シ♭・ソ・ラ・ド♯・レ）が「執拗低音」にあたる。「執拗低音」はメロディーを構成することはないが、低音部分で独特のリズムと響きをつくりだしている。

主題のあとには、第一変奏（譜例2）が続く。異なるメロディーが登場するが、「執拗低音」はほぼ同様のかたちでくり返される。

そして、第二変奏（譜例3）では、第一変奏に似たメロディーが一オクターブ上で奏でられ、「執拗低音」も主に一オクターブ上へと移動し、当初と若干異なる音型を示す。

第三変奏（譜例4）では、新たなメロディーが登場するが、低音部では従来の「執拗低音」が変わらずに響いている。

また、第四変奏（譜例5）では、メロディーの途中に割り込むようなかたちで、第二変奏での音型に似た「執拗低音」が登場する。

このようにして、《シャコンヌ》では主題の変奏が三十二回（十五分程度）にわたってくり返されていく。

譜例1

譜例2

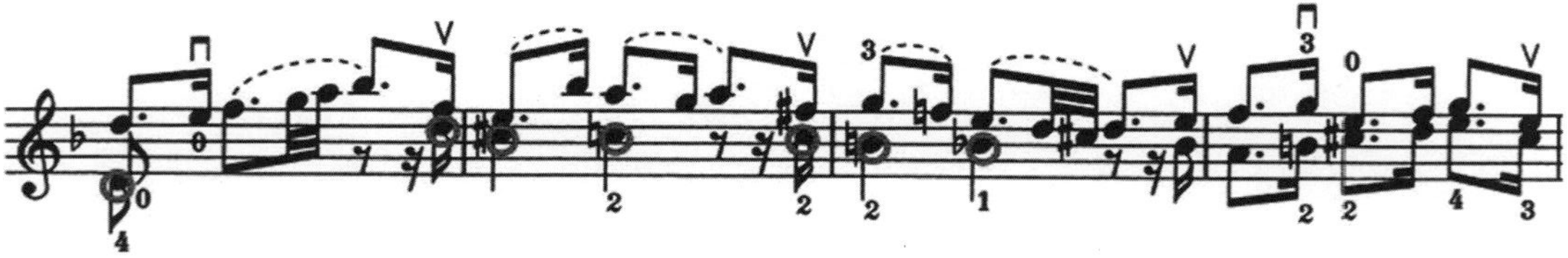

譜例3

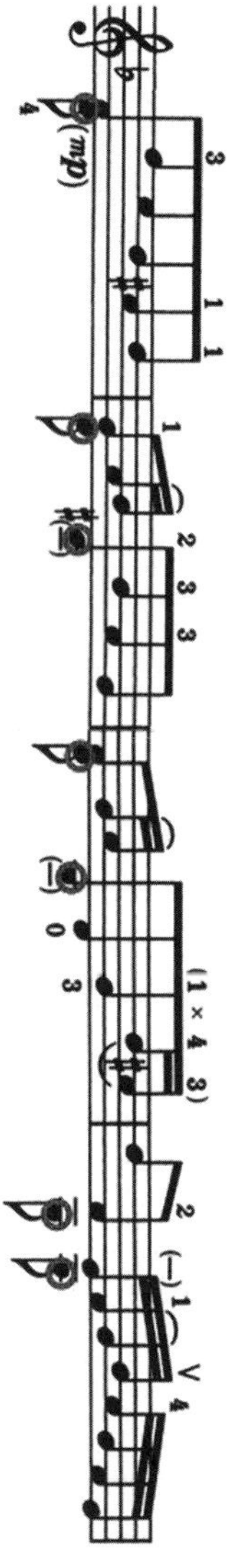

譜例4

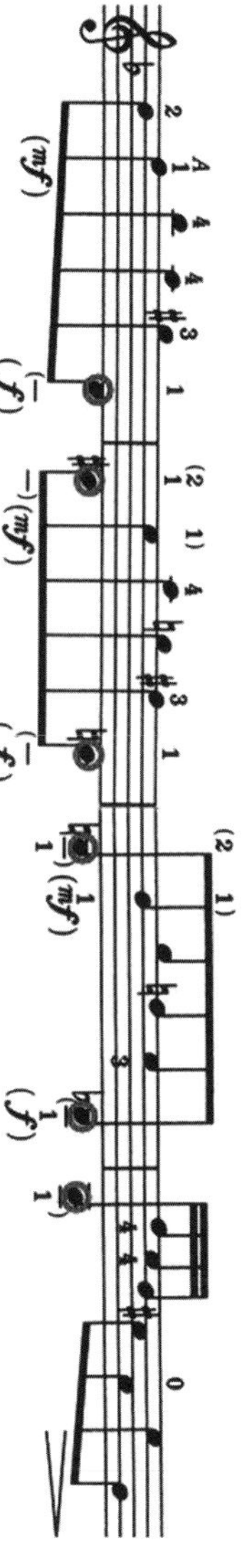

譜例5

つまり、「執拗低音」はベースラインのような存在であるが、必ずしも調和的に響くわけではない。また、「執拗低音」は字句の印象ほどに〝執拗〟でもなく、変奏されるなかでほとんど消えてしまうこともある。[19]しかし、それでも全編にわたってしつこく登場し、楽曲に独特のアクセントや余韻を与えているところに、「執拗低音」の特徴がある。

この特徴は、同じく楽曲のベースラインを形成し、一定の規則のもとにきちんとくり返して演奏される「通奏低音（バッソ・コンティヌオ）」（バロック音楽で広く用いられる形式）と比べると、あいまいでつかみどころがないと言えよう。つまり「執拗低音」とは、存在してはいるのだがはっきりしないようなものであり、この「そこにあるけれども、ない」というようなニュアンスを求めて、丸山は「執拗低音」という表現にたどりついたのである。

では、なぜ丸山は日本の思想に「執拗低音」という表現を用いたのか。それはひとつに、日本には思想がないからである。明確な体系があるのが思想だ、というのが丸山の基本理解であるが、日本にそのようなものは存在しない。「日本的な特徴」を指摘しつつも、思想と呼ぶべきものがないことを示す二段構えの主張には、「執拗低音」という表現が最適であった。

そしてもうひとつは、日本特殊論への警戒である。丸山は土着的な思考様式が日本人の主体性を妨げていると考え、それを自覚して克服するために、日本的な特徴を示す必要があった。しかし、強調し過ぎて特殊論になってしまっては元も子もない。[20]

実は、古層論文が指摘した、記紀神話に見られる「なる」に規定された発想や、宣命《せんみょう》（天皇の命令を和文で記した文書）の「中今《なかいま》」という言葉にあらわれた日本特有の「永遠の今」という無窮性の観念は、なにも丸山が発見したものではない。それどころか、それらはまさに大東亜戦争の最中に、国粋主義者たちによって日本精神の本質として謳《うた》われていたものであった。[21]

当時、皇国史観に基づいて日本精神論を高唱する代表的な論者であった紀《き》平正美《ひらただよし》（一八七四―一九四九年）は、『古事記』に「なる」の論理を見出し、西洋の思想が単なる認識という意味での「ある」の論理に基づくのに対して、日本は「ある」と「ない」の対立を弁証法的に止揚した「なる」の論理を根本としているとの持論を展開していた。[22]また、同じく山田孝雄《よしお》（一八七三―一九五八年）は、日本では現在、過去、未来において、たびたび「肇国《ちょうこく》」というべき国家の若返りがなされていると指摘し、国民精神の本質は「中今」という語であらわされる思想にあることを唱えている。[23]

つまり、この点について言えば、丸山の「古層」論と、戦中の皇国史観に基づいた日本精神論とは、内容自体にまったく変わりはない。戦中にこれらと必死に戦っていた丸山が、その類似に気づかないわけはなく、このことからも、「古層」論では内容よりも、むしろそれを論じるときの表現や姿勢が問題とされていたと言えよう。特殊性を喧伝する日本精神論の前傾姿勢に対し、丸山はそれを単に「執拗低音」として指摘するという冷めた物腰で応じる。「古層」論の最大の眼目は、日本の思想の特徴を〝冷却〟（クールダウン）したかたちで示すことにあったと私は考える。

丸山が日本精神論と同じ内容をもう一度くり返したのは、もちろん、なぞって強調するためではない。同じ内容を別の調子で言うことによって、日本精神論の印象を消し、新たな議論の地平を切り開く。それはいわば、新たな絵を描くために、カンバスを元通りに白く塗りつぶすような作業なのである。[24]

「古層」論再考(2)：思想とは何か

しかし、「古層」論の意図や力点をくみとったうえでも、丸山の日本思想史研究にはいくつかの難点があると私は考える。「執拗低音」という言葉選びの難しさにもあらわれているように、日本の思想に対する丸山のスタンスは非常に微妙なものであった。だが、それは丸山が扱う問題自体のデリケートさに由来するのではなく、単に丸山が問題をうまく扱えていないだけではないだろうか。

丸山は「日本の思想」（一九五七年）において、日本には明確な規範をもった思想たるべきものが存在していないことを指摘し、「古層」論でも同様の見解をくり返した。つまり丸山は「日本には思想がない」と言うわけだが、それは日本に原理的で普遍的な思想がないということであって、思想がないこととは別ではないだろうか。思想は原理的であるべきとの考えは、丸山のポリシーとしては構わないが、あらゆる思想を対象として扱うべき思想史家の態度としては、いささか節度を欠いていると言えよう。

例えば、養老孟司（解剖学）は著書『無思想の発見』（二〇〇五年）において、見聞きし、考えているものはすべて脳のはたらきであり、脳のはたらきはすべて思想であると述べている（養老 二〇〇五、六九頁）。このような見地からは、丸山が思想として認めなかった日本の「古層」も、まぎれもない「思想」である。

さらに養老は、日本社会に見られるような、西洋の原理的な思想に対して「オレには思想なんてない」と応じる思想的態度、つまり「無思想の思想」を、数学におけるゼロに値する思想としてとらえる。この「ゼロの思想」は、これ自体が一つの思想であるとともに、「とりあえずそこに思想はない」ということを、同時に意味するものである（同書、一一四頁）。以上のように日本の思想をとらえたとき、丸山の論考につきまとう逡巡や袋小路は解消され、その先へと踏み出せるのではないだろうか。

日本の思想のこうした側面に注目した研究が、これまでに存在しなかったわけではない。養老孟司も同書で挙げているが、山本七平はこの「無思想の思想」を「日本教」と呼んで、日本人にはあたりまえ過ぎて意識されづらい価値観や行動規範を言語化しようと努めた。しかし、アカデミックな日本思想史家たちがこれらの研究や問題意識に対して、十分な注意をはらった形跡はない。丸山のみならず日本思想史という学問は、日本の思想における「無思想の思想」、「ゼロの思想」としての面を完全に見過ごしていると言えよう。

私は、この「無思想の思想」は、日本人の思考様式や価値基準を決定づけるものだと考える。橋爪大三郎（社会学）のたとえに倣えば、人間にとって宗教とは、パソコンにおけるＯＳ（オペレーティング・システム）のようなもの。つまり、〝バイオ・コンピュータ〟としての人間の頭脳は、生まれたときには真っ白で使いものにならず、それを動かすにはＯＳ（つまり宗教）のインストールが必要になる（橋爪 二〇〇二、八四頁）。日本の「無思想」や「無宗教」も、これに相当するものであろう。

養老孟司は、「無思想の思想」が「どういう利点を持ち、どういう欠点を持つか、それを知ることが、本当に思想を知ること」だと述べ（養老 二〇〇五、一〇八頁）、また、橋爪大三郎は、日本思想史には、日本人のおこなってきた事跡の来歴や系譜を描きだしながら、なぜそのようになったのか、その歴史的、社会的文脈を明らかにする使命があると説く（橋爪・島田 二〇〇二、二七五頁）。彼らの主張に、私がつけ加えることは何もない。日本思想史が「無思想の思想」を考察の対象としないのであれば、それは片手落ちどころか、日本思想を専門とする学問としての体をなさないのではないだろうか。

そして私が考えるに、日本の思想は、この「無思想」としての面と、思想に殉《じゅん》じるほどに過剰で熱心な面の、両方を持ちあわせている。丸山眞男の場合、特に後者が支配的な時代に生き、皇国思想や日本精神論などの〝発熱〟した思想によって弾圧されたため、戦後は日本の特殊性を〝冷却〟（クールダウン）しようとした。「開国が不十分だ」、「日本には思想がない」、「それは思想ではなく古層だ」と主張したのは、日本の特殊性を喧伝する言説が国を滅ぼしたことへの反動である。

しかし、日本思想のこれほどまでに顕著な特徴を無視して、日本思想史研究が成り立つはずがない。それに、「無思想」である〝常温〟の姿と、非常時に態度を反転させて特殊性をナルシスティックに言い立てる〝発熱〟した姿は、一対の関係にある。つまり、普段は思想を信じていないからこそ、あるときには過剰に固執する。日本の思想の問題点は、主に「無思想の思想」の「晴《は》れと褻《け》」（「祭り」と「日常」）として存在しているのではないだろうか。よって、これらをセットとして捉え、そこから日本人の思想的軌跡を明らかにすることが日本思想史研究の責務であり、この点において、丸山眞男の日本思想史は失格していると私は考える。

以上に見たように、丸山の日本思想史は、日本を成立させ、性格づけた主要な原因である「開国」（文化接触）を中心に据えたところに最大の意義がある。その視点を彼に発見させたのは、戦争体験にほかならない。しかし、同時にそれは偏見や色眼鏡としても働き、丸山の研究や理解を妨げたのである。

第八章　丸山眞男の敗北

丸山眞男と死者

本書では、これまでに丸山の生涯にわたる研究の足跡をたどり、彼が日本思想史と政治学を往復しながら、それぞれの時代の課題にとりくんだ姿を見てきた。その結果、丸山の研究や思考は彼ならではの「相対の哲学」に基づき、常に社会の動向や風潮に抗うかたちでおこなわれており、戦前に日本思想史の枠内に封じ込めてきた主張は、戦後とともに政治学の分野で解放されるも、やがて激動の時代が終わると、まるで風がやんで凧が落ちるように活力をなくし、日本思想史研究へと沈潜していったことが分かった。

そこで最後に考えてみたいのは、次のような問題である。

「丸山眞男の哲学」を支えているのは何か。丸山の思想と行動の根底には何があるのだろうか。そしてそれは、丸山がいつしか研究に対するやる気を失うとともに頑《かたく》なになり、戦後という時代に対応できなくなっていったこと（＝丸山眞男の敗北）とどう関係しているのだろうか。また、そうした丸山を代表とする日本の戦後思想の欠陥は、どこにあるのだろうか。

そもそも、「相対の哲学」は逆風や困難を求める傾向にある。しかし、戦中や「逆コース」の時期に社会の動向に逆らうことは身の危険を伴うわけで、その実践は決して簡単ではない。では、丸山の思想信条や哲学を支えていた〝強さの源〟は何なのか。

私には、すでに思いあたるものがある。実は、本書で丸山の生涯を追うなかで、彼の傍《かたわ》らには常にその姿が見えていた。それは、死者の存在である。

もちろん私は、こう述べて霊能者を気取ろうというのではないし、オカルト的なことを語るつもりもない。死者の存在が生者に影響を与えるというのは、日常においてもよくあることである。また科学的にも、人間と他の霊長類の違いは「墓」の有無にあるとの説がある。つまり、「死者」の概念が人間に墓をつくらせるわけで、そこに無いものを観念化、抽象化して理解するのが人間特有の能力であり、「死者」の存在こそが人間を人間たらしめるというのである。[1] ならば、死者が丸山の生き方を決定づけたとしてもおかしくはなかろう。

なにしろ丸山は、友人や知人を少なからず戦争や弾圧で失い、自身も死の危険をかいくぐるなかで、多数の死者を目撃してきた。死者の存在は、丸山の戦争体験の中核にあり、戦争体験は彼の戦後民主主義思想や日本思想史研究に多大な影響を与えている。そして、丸山に限らず、彼と同様の戦争体験を持つ者たちが、新たな日本のあり方を考えてきた。つまり、日本の戦後思想には、彼らとともに戦って亡くなった死者たちがつきまとっているのである。

思想問題との出会い：高校時代

丸山にとっての死者とは、いわゆる戦死者である。彼は戦争や原爆で亡くなった無数の死者や、終戦直前に亡くなった母の存在を一生忘れることはなかった。だが、それ以上に丸山の学問や思想的立場をより直接的に支えたのは、彼と同じく学問の道を目指しながらも、国家体制や戦争のせいで、志なかばで死んでいった友人たちだと私は考える。つまり、戦争や弾圧から学問を守るためにともに戦った同志たちであり、そこで命を落とした死者である。それは、丸山がまるで死者の身代わりとなるようにして、思いがけず思想問題に直面したり、学問の道に進んだこともひとつの要因となっているだろう。

というのも、丸山は決して頭抜けた秀才ではなかった。彼が一高（第一高等学校文科乙類）に進学したのは昭和六（一九三一）年のことであるが、当時は、秀才ならば旧制中学を四年で修了して、旧制高等学校に進むのが一般的である。しかし、丸山は受験に失敗して中学に五年間通うことになった。伯父の井上亀六《きろく》（一八七四―一九五二年）（雑誌『日本及日本人』を発行していた政教社の社主）は、秀才が日本を毒しているとの考えをもっており、「眞男、よかったな、秀才じゃなくて」（集⑯一七一頁）となぐさめたが、丸山は深刻な挫折感を味わったという。

そして実は、丸山は中学受験にも失敗していた。運動はからきし苦手でも、勉強は好きで中学受験の塾にも通ったというが、彼の努力はいつも報われなかった。エリートコースを歩んで東大教授になった丸山に、われわれはどうしても秀才のイメージを抱きがちだが、本当の秀才でないことは本人がいちばんよく分かっていたと言えよう。

当時の時代状況をふりかえると、丸山が高校に入学した昭和六年は、政治的な潮流が大きく転換しはじめた時期にあたる。たとえば、それまでは世の中の右傾化と左傾化が拮抗しており、共産党の進出とその反動がどちらも盛んで、普通選挙法と同時に治安維持法が成立し、軍縮の一方で学校教練が始まるというような微妙な均衡が維持されていた。しかしそのバランスは崩れ、徐々に国家主義、軍国主義へと傾いていく。特に、この年に起きた満州事変で空気が一変したことを、丸山ははっきりと感じていたという（集⑯一七四頁）。

そして、翌昭和七（一九三二）年の五・一五事件（犬養毅首相が青年将校によって射殺された事件）により政党内閣時代は終焉をむかえ、翌々年に日本は国際連盟から脱退する。同時に、国家は大学自治や思想に介入しはじめ、文部省（文相：鳩山一郎）が京大教授の滝川幸辰《ゆきとき》に対し、学生を赤化に導くとして辞職を要求した「滝川事件」が起こり、また、共産党幹部の佐野学と鍋島貞親は獄中から転向声明を発表した。治安維持法の検挙者がピークに達し、プロレタリア作家の小林多喜二《たきじ》（一九〇三―三三年）が虐殺されたのも、昭和八（一九三三）年のことである。

そのなかで、全国の高校や大学では、思想対策として学生たちの「思想善導」がはじまり、〝危険思想〟に敏感になった特高は、コミュニストのみならずリベラルな研究サークルまでをも、しらみつぶしに取り調べていった。そして、丸山が高校二年生のとき、仲の良かった友人が検挙される事件が起こるのである。

丸山によると、その友人は河合栄治郎の信奉者であったという。河合は東大経済学部の教授で、マルクス主義と対峙する立場をとる自由主義者である。のちに右翼の攻撃を受けて著書が発禁処分となり、ついには起訴されるに至った「河合事件」で知られる人物だが、それはあくまで世間がリベラルな立場をも許さないほど急激に右傾化したあとのことであり、この当時の河合は思想善導教授を務めていた。つまり、丸山が高校生であった当時は、河合を信奉することは決して危険な行為ではない。だからこそ、丸山にとって友人の検挙は青天の霹靂《へきれき》であった。

ある日の漢文の授業中のことである。教室に小使（使用人）がやってきて、教師に紙切れを渡した。すると、教師はその紙切れを見て、丸山の仲の良い友人を含めた数人の生徒の名前を読みあげ、今すぐ生徒主事室に行くようにと促す。そして、呼び出された生徒たちはそのまま帰ってくることはなかった。生徒主事室には特高が待っていて、彼らはみな連れて行かれてしまったのである（集⑪一四七―一四八頁）。

実は、丸山の友人が逮捕されたのは、たまたま一高の学生寮で左翼思想をもった人物と同室だったためで、その部屋の四人がまとめて検挙されていた。丸山はクラスでカンパを募り、彼のために生活用品を買って警察に差し入れに行ったが、特高からは「こんなことをやっているとお前もいまに捕まるぞ」と冗談半分に忠告されたという。一方、思いもよらぬ出来事に大変なショックを受けた丸山の友人は、それがもとで精神を病み、まもなく亡くなった。彼の死は、大日本帝国による最初の身近な犠牲者として、丸山の心に深く刻まれたことであろう。

留置場体験

そして、特高の検挙はついに、思想問題とは縁遠いつもりであった丸山自身にまで及ぶ。丸山にとって高校時代最大の事件は、唯物論研究会の創立記念講演会に出席して逮捕されたことであった。唯研は、表向きはマルクス『ドイツ・イデオロギー』の共同研究を志すアカデミックな研究団体だが、実際には非合法の共産党が一枚噛んでおり、カムフラージュとして長谷川如是閑《にょぜかん》（一八七五―一九六九年）を代表に立てて活動していた。如是閑は大正デモクラシー期の代表的な論客で、丸山の父であるジャーナリスト丸山幹治《かんじ》（一八八〇―一九五五年）の盟友であり、丸山にとってはほとんど無意識的に物の見方をおそわった先生のような存在である。

そうした新聞記者の家庭に育ち、思想的にませていた丸山は、それほど勉強していないにもかかわらず、「オレは思想問題なんぞからは卒業したのだ」という傲岸《ごうがん》な気持ちがあったという。そのため、左翼運動に熱中していくクラスメイトたちに共感はしても、自分は決してかかわらなかった。しかし、だからこそ油断があったのか、ある日ふと唯研のビラが日に留まり、「あっ、如是閑さんだ」とひょっこり唯研の講演会に出かけてしまう。

会場に着いた丸山は、大人たちにまじって席についた。壇上の端には、本富士署《もとふじ》（文京区）の署長が剣を持って座っている。そして、如是閑が開会の言葉をしゃべりはじめた直後、署長が立ち上がって剣をドンと床に突き、「弁士中止！」と一声を発し、講演会の解散を命じた。するとあちこちから警官があらわれ、聴衆が会場からぞろぞろと出て行くなかで、若くしてこのような場にいた丸山はよほどの〝大物〟と思われたのか、特高に指名されて本富士署へと連行されてしまう。

署での取り調べは、衝撃の連続であった。まず、丸山は特高に「如是閑なんていう奴は、戦争が始まったら一番に殺される人間だ」と言われ、如是閑が小林多喜二のように虐殺されうることをリアルに感じ、大きなショックを受けた（集⑮二一—二三頁、⑯一七八頁）。また、押収された手帳に書き記していた「果して日本の国体は懐疑のるつぼの中で鍛えられているか」（傍点は丸山）というメモが、天皇制を否定するものだと指摘され、目玉が飛び出るほどブン殴られた。これは、ドストエフスキーの「私の信仰は懐疑のるつぼの中で鍛えられた」という言葉を連想したもので、当時の丸山には天皇制を否認する考えなど毛頭なく、特高の指摘は意外であり心外だったという。

取り調べが済むと、丸山は留置場へと連れていかれる。四畳半ほどの留置場は、スリ、泥棒、不良少年、何も語らない朝鮮人など、何十人もの〝先客〟でスシ詰め状態である（集⑪三七八頁）。そして、そのなかには、一高の一学年先輩にあたる戸谷敏之《とやとしゆき》（一九一二―四五年）がいた。あとで述べるが、戸谷はのちに経済史の分野でたちまち頭角をあらわした人物である。

看守が立ち去ると、留置場内では次第にヒソヒソ話がはじまり、丸山と戸谷はちょっとした思想談義を交わす。しかし会話が途切れたとき、丸山は「思想犯の烙印を押された自分は一体どうなるのか」という強烈な不安に襲われ、知らぬ間に涙がこぼれていた。これに気づいて「大丈夫か？」とサインを送る戸谷に、「大丈夫だ」とサインを送り返すも、丸山の胸中には絶望的な気持ちが渦巻いていたのである。

だが、幸いなことに、丸山の心配は杞憂に終わる。本物の思想犯であった戸谷が長く勾留され、学校から重い処分を受けたのに対し、証拠が出ない丸山はまもなく釈放され、学校からの処分も受けずに済んだ。ただし、証拠はなくとも、今後何をしでかすか分からないため、丸山は特高からしつこくマークされ続けることになる。

右傾化と思想弾圧：大学時代以降

昭和九（一九三四年）年、丸山は東京帝国大学法学部政治学科に入学する。すでに見たように、本当はドイツ文学を学びたかったが、一高の教師や父にたしなめられ、法学部の受験を決めたという。しかし、入学直後に丸山を待っていたのは、学生課からの呼び出しであった。そこでは逮捕歴のある者が集められ、生活指導がおこなわれる。こうして丸山は、特高と大学が連携して自分を監視している事実を知るのである（座⑤二二三頁）。

また、丸山はすぐに大学内の雰囲気が一変していることに気づいた。一年前の滝川事件のときには、学生たちが熱心に反対集会を開いたというが、いまはそういう気配すらない。すでに世の中の右傾化は、加速度的にすすんでいたのである。象徴的なのは、リベラルな憲法学者として知られる美濃部達吉の退官であろう。丸山はちょうど美濃部と入れ替わりで入学したが、大学一年のときには美濃部の天皇機関説問題が起こり、二年生のときには「帝大法学部はアカの巣窟だ」として右翼団体が学内に押しかけ、学部長の末弘厳太郎に辞職勧告をつきつける事件が起こる。さらに翌年の二・二六事件の際には、軍部や右翼ににらまれた法学部や経済学部に軍隊が押しかけるらしい、という噂におびえた。

そうしたなか、丸山は卒業を間近にひかえた年の暮れに、南原繁の研究室を訪れ、政治学史を勉強したいと相談する。もともと研究者になろうとも、なれるとも思わなかったが、ふと助手公募の掲示を見て応募を決めたという。しかし、その年の夏、「緑会」（法学部の学生自治会）の懸賞論文に応募した際に、友人に「これが通用するなら、研究室に残ってもいい」（『自己内対話』一七六頁）と語っていた丸山には、実はどこかでその気があったのかもしれない（緑会論文は、ファシズムや安易な全体主義を批判した論文である）。

当時、助手の任期は二年で、その後の進路も保障されない。そこで南原は、「地方に行って中学の教師になるつもりはあるか」と覚悟を確かめると、丸山は「二年間勉強できればどこにでもいく」と答えた（集⑪一五七頁）。だが、いざ助手への採用が決定すると、南原は唐突に、丸山を将来的に教員として迎えるつもりであることを明かす。法学部では東洋政治思想史講座を新設する計画があり、南原には丸山をその担当者にする思惑があったのである。南原の申し出に対して、丸山は自分に逮捕歴があることを打ち明け、法学部に迷惑はかけられないと告げたが、南原は「そんな程度の事は問題ではない」と答えたという（集⑩一七八—一七九頁）。これを聞いた丸山が南原に恩義を感じないわけはなかった。

こうして丸山は研究者の道を歩み始めるが、その頃から東大法学部への右翼の攻撃は最高潮に達する。助手になった昭和十二（一九三七）年には日中戦争が勃発し、国家主義的・軍国主義的な傾向が強まるなかで、リベラルな言論活動がおこなわれていた東大の法・経両学部は、右翼にとってますます許しがたい存在として映るようになった。そして、滝川事件を仕掛けた右翼団体「原理日本社」は、東大の法・経両学部を粛正すべく、退官した美濃部達吉をはじめ、法学部の末弘厳太郎と田中耕太郎を次々と槍玉にあげ（丸山が居合わせた「津田事件」もそのひとつである）、経済学部の矢内原忠雄と河合栄治郎を大学追放へと追い込んでいく。さらに、荒木貞夫（一八七七—一九六六年）（陸軍大将）が文部大臣になると、大学の自治を奪うかたちでの大学改革を画策し、東大法学部は丸山の言う「歴史上最悪の受難の時代」（昭和十二—十六年）を必死に耐えた。

しかも、この受難時代を抜けて、平穏が訪れたわけではない。昭和十七（一九四二）年の対米開戦以降はもはや大学問題どころではなくなり、大学への攻撃や弾圧は下り坂となるが、東大法学部がリベラルの最後の牙城であることに変わりはなかった。丸山によれば、「戦時中は研究室全体がいわば密室のようになり、外に吹き荒れる嵐の中で互いに身を寄せ合っているという状態」（集⑫三一一頁）

で、そこは「一種の国内亡命の地」（書①一九八頁）であった。このような逆境のなかで、人間関係が濃密なものとなり、特別な連帯感が生まれるのは当然であろう。

また、東大法学部に限らず、国家主義や軍国主義になんとか抵抗しながら学問をする者たちはみな、強い連帯感で結ばれていた。当時は、高等教育の卒業生がそのままインテリと言われた時代である。大卒はごくわずかで、さらに学者となる者は限られており、彼らの仲間意識は必然的に強かった。それは一方で強い疎外感ともなり、丸山は教育召集の点呼で「高等専門学校以上出たものはこっちへ出ろ」と言われたときほど、国民から孤立していると感じたことはなかったという（集⑩二二七頁）。

戦場へ

そして、戦況の悪化にともない、彼らも戦地へと出征していく。東大法学部で丸山と同期の辻清明や佐藤功《いさお》（一九一五―二〇〇六年）は日中戦争の開始直後に応召し、丸山には、戦況が極めて悪化した戦争末期になって赤紙が届いた。

丸山は昭和十九（一九四四）年と二十（一九四五）年に二度応召し、結果的に前線には送られなかったが、それぞれが命拾いの体験であったことは間違いない。まず、朝鮮では飛行機の搭乗員・整備兵としての訓練を受けるうちに、すぐに病気となって送還されたが、その部隊はのちにフィリピン戦線で壊滅したという。また、二度目の任地の広島でも、ほんの数秒早く原爆が投下されていれば、確実に熱線で焼け死んでいた。丸山は「間一髪の偶然によって、戦後まで生きのびているという感じがする」（集⑨二八七頁）と述べているが、それは決して誇張ではない。そして、間一髪で生き延びた者もいれば、命を失った者もいた。

丸山が高校時代に留置場で一緒になった戸谷敏之は、丸山と同郷の長野県松代《まつしろ》出身で、東京府立第一中学校を首席で卒業して一高に進んだ正真正銘の秀才である。しかし、このときの思想問題で卒業取り消し処分を受け、すでに合格していた東大の経済学部への入学の道は閉ざされた。そこで戸谷は、法政大学の予科を経て大学に進学し、卒業後は渋沢敬三（一八九六―一九六三年）が主宰するアチック・ミューゼアム（日本常民《じょうみん》文化研究所）でさらに研究を進める。大学時代には指導教官の大塚久雄と互角にわたりあい、アチックでも八面六臂の活躍を見せた。だが、昭和十九年に二度目の召集で南方戦線に送られ、昭和二十年九月、終戦を知らずに所属部隊が壊滅状態で敗走を続けるなか、フィリピンの山岳地帯で無念の戦死を遂げた。大塚久雄は彼の復員を信じて、東大にポストを空けて待っていたという。大日本帝国によって人生を大きく狂わされた戸谷は、まさに典型的な悲運の天才と言えよう。

また当時、戸谷とともに二大秀才と言われ、一高時代にすでにマルクス『資本論』をドイツ語で読破したとの逸話をもつ平沢道雄（一九一六―四五年）も、フィリピンのレイテ島で戦死した。二大秀才のなかでも「学問は平沢」と謳われた彼は、『資本論』の理解の深さとともに、執筆する論文に大いに定評があり、丸山は『資本論』の分からないところはすべて年下の平沢に聞きにいったという。だが、彼もまた思想問題で大学から停学処分を受けており、そのせいで研究室に残ることが叶わず、抜群の才能がありながら研究者の途《みち》を絶たれていた。さらに日本銀行に就職したのちも、大学時代の処分を再び咎《とが》められてクビになるなど、国家体制と思想問題に人生を翻弄された秀才のひとりである。

そもそも秀才ではない丸山が大学の研究室に残って学問の道を志したときに、とび抜けた秀才でありながら高校や大学で停学処分を受け、まわり道や別の進路を余儀なくされた秀才たちのことが意識されないわけはなかった。[2]丸山には少なからず、仇討ちや弔い合戦の気持ちが芽生えたに違いない。[3]また、そのときには、一高時代に特高に検挙されて死んだ仲間のことも、同様に意識されていたであろう。つまり、丸山が学問をはじめる段階においてすでに、その傍らには犠牲となった仲間や悲運の死者の存在があったのである。

先に述べたように、大学時代の丸山が懸賞論文に応募する際、「これが通用するなら研究室に残ってもいい」と述べたのは単なる放言でもあろうが、マルクスのイデオロギー論に依拠したこの論文[4]が〝通用〟して研究室に残った時点で、丸山は思想問題に殉じた仲間や悲運の秀才の代わりに学問をやっていくことを、知らず知らずのうちに契約した格好になっていたのかもしれない。そして、過度に右傾化した世の中で、学問をなんとか死守しながら、大日本帝国が破滅する最後の日まで戦い続けた。その結果、丸山の周囲には、多くの死者が生まれたのである。

戦後民主主義と「死者の弔い」

戦争が終わったとき、丸山はとにかくホッとしたというが、安堵のあとには、多くの仲間や国民が犠牲になった事実に向き合わざるをえない。そして戦中をふりかえれば、自分が彼らと同じ運命をたどっていたとしても、少しもおかしくなかった。いつしか丸山は、「紙一重の差で、生き残った私は、紙一重の差で死んでいった戦友に対して、いったいなにをしたらいいのか」(集⑨二八九頁)と考えずにはいられなくなる。

このような思いに駆られたのは、もちろん丸山だけではない。特に、戦時中を忸怩たる思いで過ごした知識人たちは、格別に強い使命感をもって、日本の再建と民主主義の啓蒙という喫緊の課題に臨んでいた。それは、解放感と自責の念がわかち難くブレンドされた感情であり、丸山はそのような感情を共有した敗戦直後の知識人たちの連帯感を「悔恨共同体」(集⑩二五四頁)と名づけている。このとき、彼らに自己批判と再出発の決意を迫ったのは、死者の存在であると言って間違いなかろう。

そして反省と前進を促されたのは一般国民も同様であり、要は、「悔恨共同体」は国民規模で日本全土に形成されていた。三百万人の死者を出した事実に改めて直面し、生き残った自分たちが死者たちの犠牲を無駄にしないためにも何とかしなければならない、という思いを全国民が共有していたのである。その意味で、民主主義の実現は「死者の弔い」であり、死者や自分自身への誓いである。

つまり、焦土のなかで悔恨や恥辱を原動力として、新たに民主主義に基づいた世の中を築こうとした「焼跡《やけあと》民主主義」、「飢餓デモクラシー」こそが、戦後民主主義の原点であった。戦後民主主義は、死者たちの亡霊がそこらじゅうに漂うなかで、彼らに衝き動かされてスタートをきったのである。しかしそれは、死者の存在や切迫感や困窮した生活があってこそ成り立つのであり、裏を返せば、それらが希薄になるほど、戦後民主主義は本来の姿を失っていく。

丸山ら戦後民主主義者にとって、戦後民主主義の変容は、死者への裏切りを意味するも同然であり、だからこそ一九五〇年代の逆コースの時期には身の危険を恐れずに戦い、一九六〇年の安保闘争では先導役もつとめた。だが、いかんともしがたいのは、日本の経済成長である。人々の胃袋が満たされ、関心が経済や私生活へとシフトすると、戦後民主主義はまるで生命を抜き取られたかのように剝製化し、さらに丸山からも闘志や焦燥感を奪うと同時に、思想的な強情さや停滞が目立つようになる。

特に、丸山に決定的な絶望感を与えたのは、安保闘争後の宿酔であろう。それ以降の研究に身が入らなくなったことはすでに見たとおりだが、もちろん彼はすべてを投げ出したわけではない。この時期の丸山の言葉でよく知られるのは、一九六四年に刊行した新版『現代政治の思想と行動』の後記に記された、大日本帝国の「実在」よりも戦後民主主義の「虚妄」に賭ける、というものである（集⑨一八四頁）。当時、評論家の大熊信行は、戦後民主主義は「虚妄」だと厳しく批判していたが、丸山はその逆手をとって、「虚妄」に賭けると述べたのである。

このとき、丸山と大熊の主張は対立しているが、戦後民主主義が空洞化しているとの認識は共通していると言えよう。丸山によると、民主主義は「理念と運動と制度との三位一体」（集⑮六九頁）であり、「焼跡民主主義」はまさにそういうものだったが、経済成長後の戦後民主主義は理念と運動を欠いていた。したがって、戦後民主主義のすべてがダメなのではない。あくまで現在の堕落した戦後民主主義がダメなのである。

では、丸山はこの事態にどう対処したのか。端的に言えば、彼は戦後民主主義を守り続けるために、当時の空気を伝えるという方法をとった。それはいわば、干物と化した戦後民主主義を、敗戦直後の空気に浸して少しでも生きた状態に戻し、本来の姿を伝えようとする営為である。その対象は、特に、戦争体験をもたない若い世代であろう。丸山はすでに活動の場を制限していたが、学生たちとの交流は拒まず、またその際には、専門的な学問の話をするよりも、戦中戦後を回顧しながら当時の空気を伝えることに専念している。

丸山がそうしたのは、時代の空気が伝わらない限り、戦後民主主義やそこでの自身の主張や活動が正しく理解されないからであろう。これらの丸山の努力は、戦後民主主義の本質が、死者の存在（臨在感）や人々の政治や思想への情熱にあったことを、よくあらわしている。

そしてもう一つ、丸山の後半生での重要な仕事は、ともに戦中の苦難をのりこえ、戦後民主主義をつくりあげた仲間の死に際して、彼らを弔うことであった。学問の師である南原繁が亡くなったのは一九七四（昭和四十九）年のことだが、この頃から次々と年長者が亡くなり、さらに不幸なことに、武田泰淳《たいじゅん》（一九一二―七六年）や竹内好など、同年代の親しい友人たちにも立て続けに先立たれた。時系列的に編纂された『丸山眞男集』の目次を見ると、一九七〇年代中頃から追悼文がずらりと並ぶ。こうして、紙一重の差で死んだ学友たちの弔いに続いて、今度は紙一重の差で生き残った戦友たちの死を弔っていったのである。

もちろん、老年になるほど仲間や同僚の死に接する機会が増えることは避けられず、葬儀に参列すること自体もめずらしくはない。しかし、丸山の行動にはそれ以上の強いこだわりや執念が感じられる。あるときには知人の逝去の知らせを聞いて、居ても立ってもいられず、彼の家をやみくもに探しまわるなどのかなり衝動的な行動を見せている（書⑤一〇八頁）。また、体調が思わしくないときでも、夫人や周囲の者たちに扶《たす》けられながら、無理をおして葬儀に出席し、自身の死の直前に大塚久雄の死去の報を受けた際には、すでに体の自由が利かない状態にあったが、口述筆記のかたちででも追悼文を送ることにこだわった。そして、これが丸山の「絶筆」となる。[6]

これらの行動は、丸山にとって戦後民主主義をともにつくりあげた同僚たちが、いかにかけがえのない存在であったかを示している。そして同時に、丸山は同志が次々と亡くなるなかで、彼らと深く結びついた紐帯《ちゅうたい》を確認すべく、彼らを弔ってまわる使命を見出したかのように私には思われる。弾圧や思想問題で共に戦った〝戦友〟たちの労をねぎらい、霊を弔い、彼らの遺志を継いで戦後民主主義を守り続けた丸山は、まるで戦後民主主義の大司教であるかのようだ。

またそれは、戦後民主主義者ひとりひとりの弔いであるとともに、もはや生命力を失ったに等しい戦後民主主義の弔いでもあった。丸山は、戦後民主主義が「悔恨共同体」に支えられている限り、戦争体験と同じく風化を免れないことを、どこかで自覚していたのではないだろうか。剝製化した戦後民主主義に生命を吹き込もうとする努力が、もう蘇らない死者を見送るだけの殯《もがり》のような作業であることも、分かっていたに違いない。要するに、丸山は戦後民主主義の生みの親であり、喪主でもあったわけである。

そして丸山は、一九九六（平成八）年八月十五日にその一生を終えた。死者とともに人生を歩んできた彼は、その弔いの象徴的な日に、死者たちに迎えられたのである。

死者の呪縛と怨霊化

以上のような死者との一体感や固い結びつきが、丸山眞男をがっちりと支えるスクラムのような役割を果たしていた。丸山が戦中や戦後の思想弾圧に屈することがなかったのは、彼の信念や「相対の哲学」によるものだが、その根本を支えたのは死者の存在である。

しかし、丸山の思想や日本の戦後思想は、それゆえの難点を孕《はら》んでいるとも言えよう。丸山は思想弾圧に耐えながら、犠牲者たちの弔い合戦を展開し、そのすえに戦後民主主義を勝ち得た。いわば、戦後民主主義は死者との共同事業であり、同僚たちは英雄であって、だからこそ晩年には彼らを弔うことを自らの使命とした。そんな戦後民主主義のあり方を変えることは、彼らへの裏切りに等しい。ところが、そのために「焼跡民主主義」や「飢餓デモクラシー」を戦後民主主義のあるべき姿（原形かつ理想形）として絶対化してしまうと、戦後民主主義は単に奉るだけの対象となり、本当の意味で次世代が引き継ぐことができないのである。

たとえば丸山は戦後民主主義の復活を夢見て、終戦当時の空気や人々の情熱を若い世代に伝えようと努めたが、実体験や私情は次世代にそのまま伝えられるものではなく、彼の努力は、実際には次世代への受け渡しを拒むものと言えよう。しかも、先に述べたように、丸山自身も経済成長期に民主主義の障害と戦う気力を失ったのであり、それでも「焼跡民主主義」や「飢餓デモクラシー」を求めるのは、現実離れしており、死者や同志たちとの思い出に浸っている証拠である。また、死者や犠牲者と一心同体であるために被害者意識が強く、途中でそれに気がついても、修正することができない。

これらはいずれも「死者の呪縛」と言うべきものであり、思想を変えない丸山の強さは、変えられない偏狭さや頑固さと背中合わせである。

こうした日本の戦後思想の特徴は、西欧の戦後思想と比較すると、より鮮明となる。

第二次世界大戦で大量の死者を出したのは西欧も同様で、戦後しばらくして登場したのが「構造主義」と呼ばれる思想であった。内田樹（現代思想）によると、それまで思想界を席捲していた「実存主義」がマルクス主義の影響で自らの正しさや判断力を疑わない思想であったのに対し、「構造主義」はそれらを疑う思想であり、その背景として、戦争で殺された死者たちの存在（＝幽霊）がこれまでと同じ方法で語ることを彼らに許さなかったのではないか、というある研究者の説を紹介している[7]（内田 二〇〇四b、三五二頁）。この仮説は、ジャック・ラカン（一九〇一—八一年）（精神分析学者）を研究することによってもたらされたものであった。

そして内田自身も、ラカンと同様に複雑な戦争体験をもつエマニュエル・レヴィナス（一九〇六—九五年）（ユダヤ人哲学者）をとりあげ、死者の存在が彼の論考に与えた影響を探っており、専門的な議論を私なりにまとめると、①自分の正しさを疑うこと、②「死者のために」という発想をやめること（＝死者を死なしめること）、③自分の罪深さを認めること、などの特徴を挙げている[8]（内田 二〇〇四c）。

このような視点から見ると、丸山眞男の思想には、自分たちが戦争で多くの死者を出したという「当事者意識」が欠けており、したがって、自らの思想を根底から変えることもなく（むしろ、戦前と戦後で考えをあまり変えなかったことを誇りとして）、戦争体験や焼跡民主主義の思い出に生きていることがよく分かる。また、戦死者全体を弔うのではなく、同志や同僚に限り、しかも、死者を死なしめるのではなく、逆に、彼らの無念を晴らすかたちで、死者を利用していると言えよう。丸山は、死者を弔っているつもりでも、実は、死者を「怨霊化《おんりょうか》」させていたのである。

もちろん、これは西欧の戦後思想をひきあいに出さなければ、言えないことではない。日本においても、詩人の石原吉郎《よしろう》(一九一五―七七年)は、敗戦後に〝戦争犯罪人〟としてシベリアの収容所(ラーゲリ)で過酷な強制労働に従事した体験をもつが、彼は「死者はすでにいない」という事実を起点としてラディカルに思考した人物であり、たとえば原爆に関して、それを告発する側の死者はすでに不在であることを指摘している。そして、「『死者に代る』という不遜をだれがゆるしたのか。死者に生者がなり代るという発想は、死者をとむらう途すら心得ぬ最大の頽廃である」と述べ、「死者と生者を和解させるものはなにひとつないという事実を、ことさらに私たちは忘れ去っているのではないか」と問いかける(石原 一九七四、一二頁)。

また、戦争体験についても、丸山とはまったく異なる考えを示しており、自分自身のためには「戦後を生きる手がかり」としてどうしても捨てずにとっておきたいが、人に伝えるべきものではなく、人に伝えても意味の無いもので、また、戦争を知らない世代に対しては、それを伝える術《すべ》もない、と述べている(鮎川・石原 一九七三→一九七五、九七頁)。

以上のような石原の姿勢は、戦争体験をふりかざさず、死者を利用しない点で、西欧の戦後思想と共通していると言えよう。また、そうしなければ、本当の意味で、戦争体験を思想化することも、次世代が引き継ぐことも、死者を弔うこともできない。丸山は戦争体験や敗戦直後の気持ちをそのまま維持しようと努めるが、多くの死者を目《ま》のあたりにした非常時に高邁なことを考え、時間が経って日常に戻るとその気持ちが薄れるのはあたり前であり、戦争体験を語り継ぐことと、戦争体験を糧《かて》にした思想をつくることは別なのである。

つまり、丸山眞男は知らず知らずのうちに、戦後民主主義を独占していたのであり、その原因は「死者の呪縛」であった。そうして丸山は、死者との思い出に生きるなかで、戦後民主主義の多くの欠陥を見逃したのである。

戦後民主主義はなぜニセモノなのか

では、さらに続けて、丸山の思想や戦後民主主義の問題点について見ていこう。

丸山眞男や戦後民主主義、ひいては戦後日本のあり方に対する批判や疑念は少なくないが、特徴的なのは、それらの多くがウソやニセモノだと指摘している点である。たとえば、先に挙げたように大熊信行は「虚妄」と述べたが、吉本隆明は「擬制」と断じ、江藤淳（一九三二―一九九九年）は「ごっこ」と評した。

大熊信行は人心の移り変わりや自己欺瞞に敏感な論者で、終戦後には、人々が急に心変わりをして、「初めから戦争に反対だった」とか「自分は被害者だ」とか「軍部に抵抗した」などと述べるようになったことを批判するとともに、自らの戦争協力を潔く認める態度を示している（『告白』一九四七年、「国家的忠誠」一九五七年）。そんな彼が戦後民主主義「虚妄」説を強く主張するようになったのは、一九六〇年の安保反対運動が引き金であろう。その際、反対運動の渦中で、「一九四五年八月十五日こそが、新たな日本の建設を私たちが決意し、民主主義が始まった日であり、あの時の初心に戻れ」と高らかに訴えたのが丸山眞男であった。

大熊には戦争協力への深い自省があるため、丸山に対して、嵩《かさ》にかかって批判をするようなことはしない。しかし大熊には、丸山が見ていたのと同じ景色が、まったく別の姿に見えていた。彼にとって、八月十五日は戦争が終わった日ではない。あくまでも日本民族が独立を失った日であり、占領という別の形の戦争経験が始まった日である。常識的に考えて、軍事占領というのは、民主主義とは正反対のもっとも野蛮な統治形態であり、そこに思想や言論の自由は原理的に存在しない。征服者のたなごころの中の〝民主化〟を、文楽芝居の人形師を無視するようなかたちで見落としていいわけがない。にもかかわらず、軍事占領下に民主主義が樹立し、成長したように見えるとすれば、それは間違いなく「虚妄」だと大熊は言うのである(『日本の虚妄』一九七〇年)。

また、吉本隆明も安保闘争での丸山の発言に疑問を呈した。丸山は、安保反対運動は、日本国憲法が国民に浸透し、主体性や自発性が根づいた証拠だと言う。戦後の大衆は、私的利害を追う「無関心」派と、運動を起こす「アクティヴ」派に分かれたが、安保闘争をきっかけに両者は交流し、民主主義の精神が広がるだろう、と。しかし、吉本に言わせると、それはまったくの見当違いで、丸山が否定的評価を与えた政治的無関心派の「私的利害の優先」こそが、戦後の民主主義(ブルジョア民主)の基底をなしている。つまり、丸山が批判するブルジョア民主こそが「真性の民主主義」であり、丸山が言うのは「擬制の民主主義」なのである(『擬制の終焉』一九六二年)。

さらに吉本は、丸山の政治学や日本思想史研究が、インテリが絶対的に正しい場所から政治体制や大衆を眺めて分析した典型で、その認識自体が擬制であり、単に西欧近代の理想をもとに現実を批判しただけだと厳しく指摘する。そして、その根底には丸山の大衆嫌悪が隠されており、それは彼の戦争体験を見れば明らかだと言う（『丸山真男論』一九六三年）。要は、丸山は擬制的で権威的な前衛思想の一派に過ぎず、安保闘争でも社共（社会党・共産党）から自立できなかったように、実は権威に弱く、そのくせ他方では学生や労働者の運動を非難したがる。吉本いわく、安保闘争で丸山らの擬制民主主義は完全に馬脚をあらわし、終焉を迎えたのである。

同じく、安保闘争で丸山を典型とする戦後知識人の破産を宣告した江藤淳は、その後も状況が変わらない戦後民主主義や戦後日本のあり方を見て、「ごっこ」という表現を使い始めた。「ごっこ」は、「鬼ごっこ」、「電車ごっこ」、「ままごと」のように、あることがらを遊戯としてマネすることであるから、現実から離れている分だけ自由かつ身軽で、だからこそ、その世界に酔って興奮を味わえる。そして、江藤が言うに、日本社会は「ごっこ」にしかなりえない。なぜなら、自分たちの運命を自分で決められず、現実に直接タッチしていないからで、それはひとえにアメリカの存在があるからだ（「『ごっこ』の世界が終ったとき」一九七〇年）。

いわば、日本は戦争に負けてアメリカに占領されると、「この指とまれ」の掛け声とともに、民主主義と平和を掲げた。事実としては、国家の進路や選択を牛耳っているのはアメリカである。だが、国民は暗黙の了解のもと、共犯的に、戦後民主主義という「ごっこ」に参加した。しかもいまや、占領が終了したにもかかわらず、依然として米軍と基地は日本国内に存在している。だから、アメリカが出て行かない限り、「戦後」は終わらない。江藤は、そう言うのである。

以上の丸山個人や戦後民主主義に寄せられた批判を、丸山が認めることはなかった。しかし、丸山が認めようが認めまいが、問題は極めてシンプルであり、これらの批判が反論しようのない事実を指摘していることは明白であろう。終戦とともに民主主義的な要素が芽生えたことは確かだが、その首根っこは常にアメリカに押さえられていた。また、そこでの民主主義は、政治に積極的にかかわることよりも、経済的な豊かさと享楽を求めていたのである。

「ご遠慮デモクラシー」の伝統

つまり、戦後日本で起きていたのは、丸山の認識とは異なる事態であり、そのことが日本の戦後や民主主義を特徴づけている。むしろ丸山は、これらの現実を見たくないがために、あえて民主主義の成長ばかりを見つめ続けたと言っても過言ではなかろう。

では、戦後日本の実態とは何か。

ひとつは、アメリカの存在を意識から除外したことである。

これには二段階の工程があり、最初は、意識的に「見ない」（見て見ぬふりをする）ことから始まり、次に、それを「忘れる」（慣れて無意識になる）ことによって完成する。

アメリカの存在を「見ない」ことは、占領と同時に始まった。このおかしさを指摘したのが、大熊の言う「虚妄」である。[9] そして、私たちがそれに慣れて「忘れた」ことは、独立や安保闘争を経て、高度経済成長期に顕著となった。江藤の「ごっこ」という問題意識は、そのなかで生まれる。

もうひとつは、すべてに優先させるかたちで、いい暮らしや豊かさを求めたことである。

民主主義では、自分たちの意志で政治をおこなうが、そこで私たちは高尚な理想ばかりを追うわけではないし、必ずしも積極的に参加しなければならないわけでもない。たとえ世の中が爛熟しようと、それは私たちが選んだのであり、投票率の高さが政治の不安定を意味するのも、ひとつの真実である。

戦後民主主義は「擬制」だと断じた吉本の批判は、丸山らの隠された権威的な側面を暴くとともに、戦後の民主主義的な世の中で私たちがもっとも本質的に求めているのが、私的利害にほかならないことを指摘したものである。

そして、この二つのことによって（①アメリカを意識から除外すること、②いい暮らしの最優先）、理念や理想はインチキでフェイクとなる。

なぜなら、国家主権も自由も民主主義も、アメリカの存在（より具体的には、日米地位協定と米軍基地）がある限り、完全にわれわれ日本人のものにはならず、自分たちのことを最後まで自分たちで決められない。つまり、保守派（右派）がいかに国家としてのプライドを説こうが、革新派（左派、リベラル）がいかに民主主義の理念を説こうが、実際には私たちはアメリカと直接的に衝突することを避け、国家としてのプライドや理念を貫くよりも、いい暮らしをすることを優先したのである。

かつて岸田秀（一九三三年生）（精神分析学者）は、日本はアメリカに無理やり開国させられて以来、自己の統一がとれず、たとえば攘夷論と開国論のように、ホンネとタテマエが「内的自己」と「外的自己」として分裂していると述べた。その分裂を、戦後の保守派と革新派に重ねることもできるだろう。しかし実は、言説上の分裂は見せかけで、私たちは本当は別の望みを持っていたのではないだろうか。つまり、頭でどう考え、口先で何を言おうとも、実際の行動はそれを裏切っているのであり、首から上で言い訳をしながら、体は豊かさと満腹を求めていたのだ。

また、このような視点で見ると、民主主義の扱い方も、戦前と戦後でたいした違いはない。たとえば大正デモクラシーは、吉野作造（一八七八―一九三三年）の「民本主義」のように、「主」である天皇に配慮したうえで〝民主〟を説く、「ご遠慮デモクラシー」であった。[11] 一方、戦後民主主義も、「主」であるアメリカを除外したうえで〝民主〟を説くのだから、どちらも聖域を設けた「ご遠慮デモクラシー」である点で変わらない。そして、その裏にあるのは、「富国強兵」や「エコノミック・アニマル」などの言葉であらわされる、豊かさの追求である。

つまり、保守派や革新派がいくら理念を掲げたり、国家の誇りを謳ったりしようとも、それは経済や日常生活に支障がない限りでの話で、アメリカと正面衝突してまで理念やプライドを貫くつもりは毛頭ない。要は、私たちは理念やプライドを貫けないのではなく、自らの判断でわざと貫かなかったのである。[12] だからこそ逆に、〝後ろめたさ〟や〝憧れ〟から、口では盛んに理念やプライドを語りたがる。

戦後の多くの言説はこの種の〝ストレス発散〟であり、知識人たちは、言葉のうえでの理念やプライドに固執し、実情を見ようとしなかった。戦後民主主義の代表的な存在である丸山眞男は、その典型である。丸山は民主主義者として、思想家として、ここで敗北している。それは丸山眞男の敗北であると同時に、戦後民主主義の敗北であり、戦後日本の敗北なのである。[13]

戦後日本に独立国家としてのプライドが足りないのは、敗戦のせいでも、アメリカのせいでもない。民主主義の理念が空回りするのは、守旧派が根強いせいでも、民主主義的精神が足りないせいでもない。理念やプライドを自分たちで捨てたにもかかわらず、それを認めないことがすべての誤解の原因である。

私たちは、「戦後」という時代に向き合えていない。その意味で、私たちは「戦後」に負けたのである。

戦後日本の真価

以上に述べた状況は、現在も変わっていない。

戦後日本に、どこかウソくさい言語空間に閉じ込められたような息苦しさがあることは、多くの論者が指摘するとおりである。しかし、よく考えれば、その檻《おり》となっているのは、いい暮らしや豊かさを選んだ〝後ろめたさ〟から、自分たちが言い立てた理念やプライドであることが分かるだろう。

つまり、檻は自分からつくりあげたもので、理念やプライドを言うほど、さらに檻は増えて強固になる。檻から出るのであれば、自分たちで撤去するしかない。要は、豊かさのために、理念やプライドを自分から捨てたことを認めるしかない。この檻を外側に向かって突破することはできない。いわば、檻の扉は外側には開かず、内側に引いて開ける構造になっている。それなのに、みな、強引に外へ押し開けようとする。そして、出られないからこそ、余計に真剣さや勇ましさをアピールしようとする。その結果、保革のアピールばかりが言論として流通し、新たな檻となる。

このことを直視できず、理念やプライドに囚われている点で、保革の違いにかかわらず、現在の論者の多くは、丸山眞男の悪しき子孫である。
たとえば、保守派の代表的なところでは、首相の安倍晋三が戦後レジームや自虐史観からの脱却を掲げ、日本国家や日本人としての誇りをとりもどすべきだと主張している。しかし、口ではアメリカとの対等を言うものの、日米地位協定や米軍基地を撤廃しようとはしない。また、石原慎太郎もアメリカにNOと言える国家を謳い、自主憲法制定や横田基地返還を訴えるが、例えば尖閣諸島の件では購入計画と募金を呼びかける一方で、そのうち二島が米軍の管理下にあることには決して触れなかったような、卑怯な二面性を持つ。[14]
一方、革新派は民主主義や平和の理念を掲げて保守派に対抗するが、顕著な例としては、二〇一五年に安倍政権の安保関連法案に反対して国会前でおこなわれたデモが挙げられる。デモは高橋源一郎、上野千鶴子、内田樹などの全共闘世代や彼らの学生たち（SEALDs《シールズ》）が中心となっておこなわれたが、戦争反対を旗印にして民主主義を自分たちの手に取り戻そうと呼びかける手法は、六〇年安保をそのまま踏襲したものである。ただし、大学紛争で戦後民主主義者たちに暴力的な行動をとった彼らやそのシンパが、本当に民主主義的に他者の意見に耳を傾けられるのか、単に理念や抗議活動に興奮しやすいだけではないのかは、疑われて然るべきであろう。また、脱原発デモの立役者となった小熊英二も、社会の不満をもとにして民主主義を訴える点で変わりはない。
むしろ革新派において、ただ理念を唱えるだけではなく、保守派を的確に批判しているのは、豊下楢彦や孫崎享など、近代史や外交の専門家たちである。豊下は占領期や外交史の研究から保守派の主張のウソを暴き、孫崎は各政権の政策に注目して戦後史を点検し直し、日本政府の対米従属路線の根深さを明らかにした。[15] しかし、彼らの主張は戦後日本が自ら好んで従属的で豊かな生活を選んだ事実を引き受けるものではなく、批判の矛先も国民や米国ではなく、ともかく安倍政権をはじめとする保守派に向けられているのが実情である。そのほか、リベラルの陣営では矢部宏治、中島岳志、白井聡などの新たな論客が、従来の革新派にはなかった柔軟かつ折衷的な現実路線をとるが（たとえば天皇、憲法改正、保守性、愛国などに寛容な態度をとる）、保守派を撃つという基本姿勢に変わりはない。

こうして保守派と革新派は互いを批判しながら理念やプライドを掲げ、戦後日本が自ら理念やプライドを捨てたことから目をそむける。しかし実は、どちらも相手を非難することが自らを直視しないためのカムフラージュになっており、その意味で互いを必要としていて、両者は共存共栄の関係にある。また、問題が解決しないからこそ自らの主張や言説が売り物になるわけで、彼らはその真剣さに反して、本当は問題の解決を望んでいない。要は、対米従属に付随して生まれた、プライドや理念を売り物とする〝戦後ビジネス〟の同業者なのだ。

江藤淳が言うように、米軍を退去させない限り、戦後は終わらず、「ごっこ」も終わらない。当然、プライドと理念の応酬やそれを売り物とするビジネスも終わらないだろう。だが、江藤やその後継者たちも、プライドや理念への固執から脱出できたわけではない。江藤自身は、占領期の米国の検閲が日本を恭順化したと指摘するなかで、徐々にプライドに囚われていった。

戦後七十年が経った現在も、「このままでは戦後が終わらない」という江藤とそっくりな主張は、白井聡『永続敗戦論』に見られる。しかし同書は、豊下楢彦と孫崎享の著作をコラージュして作られており、日本が敗戦を認めないからこそ対米従属が永続するのだという主張も保守派に向けられていて、従来の革新派の枠組みを出るものではない[16]。

その点、江藤淳の問題意識を正統に引き継ぐのは、戦後五十年に発表された加藤典洋『敗戦後論』である。同書はまさに保守派と革新派の補完的な共存関係を指摘し、この状況を打開すべきだと述べた。しかしその加藤も、戦後七十年に執筆した『戦後入門』では一転して、憲法九条を使っていかに米軍基地を撤廃して国連に寄与するかという、民主主義や平和主義の理念の追求と実現を目指す。加藤はもともと革新派内で仲間割れをする形で、保革をともに批判した『敗戦後論』を書いたが、現在は無事に元サヤに戻った分だけ、批評の鋭さを失ったと言えるだろう[17]。

以上のように、保守派と革新派はもちろん、両者の対立や「戦後」そのものを疑う者までが、結局は理念やプライドに囚われてしまう。それはひとえに、私たちが戦後に理念やプライドを捨てたという事実を受け入れられないからである。要するに、私たちは「戦後」に負けたのだ。

ただし、誤解のないように確認しておくと、私は理念やプライドを捨てたこと自体を、戦後日本の「敗北」と考えるわけではない。その事実を受け入れられないことが「敗北」なのだ。むしろ、私たちが理念やプライドを二の次として、豊かさを第一に考えたことは、戦後日本が誇るべき腰の重さであり、それこそが戦後日本の真価であろう。理念やプライドを大事にしてこなかったというよりも、それらに興奮しすぎないことを戦争で学んだのである。

もちろん、理念やプライドは誰がいつ掲げても構わない。しかし、これはあくまで戦後日本における「私たち」の問題であり、実際に理念やプライドをないがしろにして豊かさを求めた歴史があるのだから、いまさら理念やプライドを本気で訴えるほど、私たちは自分たちの本当の選択を隠し、自分自身にウソをつくことになる。貧しいときには理念やプライドを貫いてまでアメリカと戦わず、豊かになって余裕ができたから理念やプライドを振りまわすというのは、まったくの茶番でしかない。また、理念やプライドを取り戻すことなどよりも、なにがあっても国民がしぶとく生き抜いていくことのほうが重要であることは、言うまでもないだろう。

戦後の私たちが培《つちか》ってきたのは、理念やプライドを簡単には本気にしない、生活者としての不純な腰の重さである。そのことにもっと自信を持ったほうがよい。したがって、たとえ日米地位協定や米軍基地を撤廃するにせよ、憲法をどう改正するにせよ、独立国家の当然の権利として、自分たちにとって都合がいいように、なるべく興奮せずに粛々とやるだけなのである。

「丸山の哲学」の弱点

さて、ここまで来ると、本書が追ってきた「丸山眞男の哲学」の弱点がどこにあったのかも、よく分かる。

丸山の哲学は、彼自身が福沢諭吉論で描いたような「相対の哲学」であり、急激に一方向へと傾く世間の風潮や、凝り固まった伝統的な発想に逆らうことで、人々の考えをほぐすと同時に、その衝突によって自由な議論や社会の進歩を目指そうとするものであった。それはまるで空を舞う〝凧〟のように、逆風をとらえて高く上昇する。さしずめ凧のあがり具合は、逆風のなかで提出する意見や論考の効果やアピール度とでも言えよう。もちろん逆風が強すぎれば、処方箋となるどころか、単なる切迫した叫びに終わる（戦争末期の丸山の主張はそうであった）。逆に、風がなければ、たとえ重要な問題提起であっても目立ったアピールにはならない。それでも最後まで、丸山は爪をあげることを試みた。

丸山は必ずしも爪を高くあげることを目的としていたわけではない。逆風に立ち向かうこと自体に、ある種の真理を見出している。彼にとって、真理は絶対的、教条的なものではなく、大多数を占める意見や、当然とされている考え方に対して逆らうときの〝衝突〟や〝きしみ〟としてしか生じ得ない。いわば、アドバルーンのように絶対的な浮力を持つものなどなく、逆風を受けることでしか爪はあがらないのだ。そこで丸山は、「便乗するために風向きをうかがう」という慣用句的な意味での風見鶏ではなく、まさに実物の風見鶏が風の吹いてくる方向に顔を向けるようにして、常に逆風を受けながら真理を探しているのである。

ところが、ここに「丸山の哲学」の弱点はある。

ひとつは、社会情勢や世間の動きばかりを見て、その内面に目を向けなかったことである。そうすると、表立った動向や風潮ばかりを「逆風」ととらえてしまい、人々が気づこうとしない偏りや惰性をとりあげることができない。例えば、占領下から独立後まで居座り続けるアメリカの存在を見ようとしない私たちの態度は、その顕著な例である。本書で見たように、丸山は学者的な人物というよりも、むしろ常に世間を意識して言論活動をおこなったジャーナリスト的なセンスの持ち主で、それを支えたのが彼の「相対の哲学」であった。だが、多くのジャーナリストが野次馬的に目先の話題に囚われるのと同様に、批評家としての丸山には、重大な見落としがあったと言わざるを得ない。

もうひとつは、戦中戦後の強烈な「逆風」と戦うことに慣れてしまい、平和な世の中に対応できなくなったことである。激動の時代が終わり、人々が安心して私生活に没頭するようになると、丸山はどうすればよいのか分からなくなった。なぜなら、風がなくなると、凧は飛ばしようがないからである。はじめは、危機感を煽《あお》ったり、腰が重い国民を挑発するなどして、いわば、風がおさまる中で走りまわるようにして凧をあげようとしたが、やがてやる気を失い、あきらめ、最後は激動の時代を懐かしむようになった（こうした一九五〇年代末から六〇年代以降の動きについては、第六章と第七章で見たとおりである）。

では、風のない時代には、どう対峙すればいいのか。「相対の哲学」では、無風の状態においてどのような行動をとれば、時代と正面から向き合うことになるのだろうか。

丸山には想像がつかなかっただろうが、その答えは決して難しくない。それは、ひとことで言えば、無風にどっぷりとつかって、力を抜くことである。逆風の状態では、政治や社会の動向に対して緊張して身構え、対決姿勢をとることが時代に向き合うことだったが、無風の状態では、命を懸けて戦う状況でないことを受け入れ、豊かさと安心でふやけた体で、興奮せず内省的に考えることが必要となる。それこそが、無風から顔をそむけず、逃げ出さない、唯一の方法だろう。

丸山は長い間、強い逆風のなかで、主義主張を掲げて、自ら率先して戦ってきた。たしかに、身の危険があるような場面では、戦うことが現状と向き合うひとつの手段である。しかし、安全かつ満たされた状態では、理念やプライドをふりまわして戦うことが、むしろ現状から目をそむけることになる。なぜならそれは、戦いを夢見ているだけで、戦う必要がない現状から逃走する行為だからである。やたらと危機を叫び、悪役を仕立てあげていては、状況を見誤るだけであり、風のない現状を全身で浴びなければ、「無風」という風はとらえられない。危機や不安と向き合うのと同様かそれ以上に、豊かさや安心と正しく向き合うことは難しいのである。

その点、丸山が一九六〇年前後から言論活動にやる気を失い、静かに研究に沈潜していったことは、彼がまさに「相対の哲学」に基づいた論者であることを示していると言えよう。戦後日本はちょうどその時期に、戦争から平和へ、動乱から安定へ、貧困から経済成長へと転換していく。しかし結局、丸山は時代の変化に対応できず、「相対の哲学」も機能不全を起こすかたちで、焼跡民主主義や飢餓デモクラシーの思い出に引きこもった。丸山にそうさせたのは、本章で述べた「死者の存在」である。

死者たちは「丸山の哲学」を強力に支える役割を果たしたが、その強さはやがて「相対の哲学」を硬直させてしまうこととなった。それは、「丸山の哲学」の死であり、丸山の思想家としての敗北を意味していたのである。

おわりに

丸山眞男は、戦中の思想弾圧に耐え、終戦後は民主主義の理解と実践を導き、戦後日本のあるべき姿を示した。戦中・戦後の一時期には身の危険を感じるほどの逆境にも遭遇したが、社会の動向や国家の圧力に臆さず、意見の衝突が社会の進歩や自由を導くという「相対の哲学」の信念を持って、果敢に戦った。丸山の歩みは、戦後民主主義の歩みであり、戦後日本の歩みである。

しかし、戦後日本の歩みが民主主義や自由を獲得した〝解放〟と〝独立〟の歴史であるとともに、アメリカへの〝従属〟の歴史であることは明らかであり、さらに言えば、私たちが豊かな生活を優先して〝従属〟を受け入れたことも疑いようがない。その際、戦後民主主義者たちは、民主主義の理念を説き、反対運動を起こし、反動勢力との対決に躍起になるなかで、私たち自身が民主主義や自由や独立をおろそかにして豊かさを選んだという事実から目をそむけてきた。

つまり、戦後民主主義者の代表的な存在である丸山眞男は、実は、私たちの戦後の本当の姿を偽り隠してきた張本人である。また、それは戦後民主主義を主導した革新派の論者に限らず、保守派の論者も同様であり、両者は理念やプライドを掲げるばかりで、戦後日本の実態を認めようとしない点でまったく変わりがない。丸山はその象徴的な存在と言えよう。

これこそが思想家としての丸山眞男の敗北であり、戦後日本の敗北である。丸山の思想は戦争には負けなかったが、戦後に負けたのである。

丸山の「相対の哲学」は、社会の動向に逆らうなかで、その時代とそこに生きる私たちの本質をとらえようとするものであるが、実際には、戦後という時代に対応できず、人々の動きを相対化できなくなった時点で、彼の役目はすでに終わっている。ならば、私たちは戦後民主主義者をむやみに崇拝するのではなく、彼らの葛藤や苦労をねぎらいつつも、同じ失敗をくり返さないよう、自分たちの力で戦後という時代に向き合うしかない。それが、本当の意味で戦後民主主義者を弔い、彼らから戦後の問題を引き継ぐことになるだろう。

丸山眞男の戦後民主主義では、本当の「戦後」は見えない。さらに、現在でも「戦後」に関する議論は盛んだが、自分たちが対米従属と豊かさを選んだことから目をそむけて、理念やプライドを貫こうとする主張ばかりが目立つ。それらは、「本当はもっと正しく、勇ましく生きたかった」という私たちの鬱憤を晴らすための〝ガス抜き〟や〝ストレス発散〟にはなるだろうが、問題の解決には決してならない。逆に、自分自身をだまして、過去を覆い隠すだけである。

私たちは「戦後」という時代を、国家主権も自由も民主主義も貫けず、まるでアメリカに首根っこをつかまれて閉じこめられた〝牢獄〟のように思いがちである。しかし忘れてはならないのは、私たちがその場所に自分から入ったということであり、自分で入った〝牢獄〟からは自分の足でしか出られない。しかも、その〝牢獄〟は一方で、私たちが心の底から求めていた、平和で豊かな〝天国〟のような場所でもあったはずだ。このことを見逃すと、戦後に関する議論は的をはずすのであり、過去の論者たちもその罠におちいってきたのである。

本書で私は、丸山の思想信条を支えたのは戦争の死者であり、そのことがのちに丸山の思想から柔軟性を奪ったと述べたが、それは戦後日本全体にもあてはまるだろう。戦後に生きる私たちの原点にあるのは、戦死者に対するうしろめたさや、戦中や敗戦の体験にともなう悔恨や屈辱感であり、それが復興や経済成長を強力に推進するバネとなった。しかし、弱くて情けない過去の自分から生まれ変わるという誓いが出発点にあるからこそ、理念やプライドを捨てて対米従属を選んだ自分自身の弱さや不純さを認めることができない。そのなかで、「本当の自分」と「そうありたい自分」のギャップが生じるが、それを限りなく広げて私たちの目を曇らせたのが、戦後民主主義であったと言えよう。

いまや私たちは戦後民主主義を批判的にたどることでしか、戦後という問題の入り口に立つことはできない。それは、理念やプライドを掲げて戦後からの脱出を目指すのではなく、私たちの戦後の歩みを見直せる場所まで引き返す作業である。そうしなければ、いつまでたっても、「戦後」は私たちの手中におさまらない。そのためにも、丸山眞男の戦いを知るとともに、丸山の敗北を知ること。それが、現在の私たちが自分たちの「戦後」を生きるための第一歩なのである。

注

［はじめに］

1　一方、冷戦時に抑え込まれていたアジア諸国の不満や抗議の声が噴出し、日本政府は戦後五十年の終戦記念日に、過去の侵略戦争を謝罪する「村山談話」を発表した。アジアとの関係においては、戦後五十年は、戦後の「終わり」ではなく、新たな「はじまり」でもあった。

［第一章］

1　私は、これまでに丸山眞男の「哲学」をとらえ、その思想についての「内からの理解」を試みた研究として、間宮陽介（経済思想）、北沢恒彦（在野の思想家）、笹倉秀夫（法哲学）の三名の論考を挙げておきたい。

まず、間宮の著書『丸山眞男』（一九九九年）は、丸山の哲学、思想史、政治学、政治思想についての考察を貫く問題意識を追いながら、それを丸山がいかにして解決せんとしたかを論述したものである。間宮はこの著書で、「丸山が何を言ったか」よりも、「丸山が何を言おうとしたか」を考えたという（間宮 一九九九a、二五九頁）。また同書には、丸山に寄せられた批判に対し、間宮が丸山になり代わって反論していく姿勢が強くあらわれている。

次に、北沢の執筆した「書評・丸山眞男『反動の概念』」（一九九一年）は、丸山の一九五七年の論文「反動の概念」に丸山の「哲学」の一端をとらえ、まるで丸山が「反動の概念」を執筆する行為を追体験していくかのようにしてその意図をたどりながら、丸山の思想の内部に深く深くもぐってゆく、一種異様なテキストである。北沢は、京都市役所に勤めていた公務員で、雑誌『思想の科学』の編集や「べ平連」などの市民運動に参加した経歴をもつ人物である。

さいごに、笹倉の『丸山眞男の思想世界』（二〇〇三年、もととなった『丸山真男論ノート』は一九八八年刊）

は、まさに丸山の「哲学」を描くことを目的に掲げた著作である。笹倉は序文で丸山の「哲学」の析出が目的であり、その際に同書では「哲学」という名称を用いずに、「思想世界」と呼ぶと述べている（笹倉 二〇〇三、四頁）。つまり、論の目的も、丸山流の思想理解の方法を丸山自身にあてはめるという試みも、本書とまったく同じだと言えよう。そして笹倉は、丸山の「哲学」として析出した要素について、丸山の全テキストから該当する箇所を抜き出してきて、論じている対象ごとに分類する作業を積み重ねていく。それはさながら丸山の「哲学」の〝総カタログ〟の様相を呈している。

なお、以上の三名については、政治学者の田口富久治が、浅薄な丸山批判から免れているものとして評価しており（田口 二〇〇五、一〇六頁）、丸山本人も自分の論をよく理解していると述べている（書④三三六頁、書⑤九六頁、書⑤二三四頁）。

2 「福沢諭吉の哲学」（一九四七年九月）は、同年三月に発表された「福沢に於ける『実学』の転回」とセットで書かれた福沢論の後編にあたる。ただし、福沢の学問観を解明した「福沢に於ける『実学』の転回」は、福沢の思惟方法と価値基準を分析するための序説であり、丸山の福沢論の重点は「福沢諭吉の哲学」にあった。

3 これら三つの福沢論以外に、丸山が福沢諭吉について論じたものとしては、「福沢諭吉の儒教批判」（一九四二年）、「福沢に於ける秩序と人間」（一九四三年）、「福沢に於ける『実学』の転回」（一九四七年）、「近代日本思想史における国家理性の問題」（一九四九年）、「福沢諭吉選集第四巻 解題」（一九五二年）、「福沢・岡倉・内村」（一九五八年）、『「文明論之概略」を読む』（全三冊、一九八六年）、「福沢における『惑溺』」（一九八七年）、「福沢諭吉訳『アメリカ独立宣言』解題」（一九九一年）、「『福沢諭吉と日本の近代化』序」（一九九二年）があり、そのほか『世界歴史事典』（一九五三年）と『政治学事典』（一九五四年）における「福沢諭吉」の項目を執筆している。

4 のちに述べるように、丸山は一九六〇年の安保闘争を機に有名となり、戦後民主主義の代表的な存在となるが、同時に戦後民主主義に対する多くの批判の矢面に立たされることとなる。そのなかで、梅本のこうした真摯な批判は、かなり異質なものであった。

なお、これまで丸山に対しては多くの批判が寄せられてきたが、それらは三つに大別できると私は考える。

ひとつめは、安保闘争直後に登場した、吉本隆明の批判に代表される種類のものである。吉本は、一九六二年から翌年にかけて連載した「丸山真男論」において、丸山の思想は大衆の生活から離れたものであり、実際にはありもしない近代主義的な西欧像によって日本の政治や思想を批判しているとして、丸山は現代的課題に対して無力だと断じた。丸山が唱える民主主義の欺瞞性と、思想家としての無味乾燥ぶりを指摘する吉本は、とかく戦闘的な論者であり、彼のスタイルは多くの不満分子をひきつける。その結果、吉本の論は、安保闘争の「敗因」を丸山が焦点を安保条約から民主主義闘争へと切りかえたことに求めた、〝ラディカル〟な活動家や学生たちの憤懣を背後に従えていた。

ふたつめは、吉本の論点を受けつぎ、その実証性を民衆思想史の研究によって補強した、色川大吉に代表される「民衆史観」からの批判である(他にも、安丸良夫、鹿野政直などの論者が挙げられる)。色川の批判は、日本の共同体のマイナス面を指摘する丸山の論考に対し、その指摘を認めつつも、「でも、民衆には力があるんだ」というかたちで反証を示していく類のものである。たとえば、「日本の大衆の思想は丸山氏のいうキリスト教のような機軸でこそないが、それなりの強靱な精神的機軸を欠いていない」(色川 一九七〇、二八二頁)、「いかに努力してもカントやヘーゲル、ウエーバーなどを生みだしたドイツ民族の素質には及ばないかもしらないが、そのことを以て日本の大衆の科学心をまで疑うにはあたらない」(同書、二八六―二八七頁)などの記述からも、色川が丸山の指摘を民衆への侮辱のように受けとめ、それに反発していることは明らかであろう。そもそも、色川は丸山の指摘を認めているのだから、批判として成立していない。しかし、色川の丸山批判が一九七〇年代の人々に深い共感をもたらしたことには、西欧の立場から日本を批判した「戦後民主主義者」丸山というイメージが形成され、それに対して高度経済成長で生まれた自信や実感が反発し、「丸山はもう古い、もう乗りこえられた」と言われた時代であったことが関係しているだろう。色川の著作は全共闘世代に広く読まれており、東大紛争で丸山を「つるし上げ」にした学生たちの憤懣が、色川の丸山批判を支えていたひとつの原動力であったと言えよう。

みっつめは、一九九〇年代以降にポストモダン、ポストコロニアルの見地から寄せられた批判である。たとえば、酒井直樹や中野敏男などの論者が、「戦後民主主義者の丸山は、実はこんなにも国家主義的だ」という批判を提出した。ポストモダンとは、「近代」の言説が人間や社会のあるべき未来を示したいわゆる「大きな物語」によって正当化されていたのに対して、その無効性や不信を表明する立場のことであり、ポストコロニアルとは、植民地支配の影響から脱却していない現状を問題視して、その影響を分析する研究のことである。両者とも、その見地から既成の正典化されたテキストを読み直し、それが近代的もしくは植民地主義的な言説のなかでいかに捏造されたものであるかを暴露、批判しながら、問題の解決を図る。そのため、従来の考えでは思いもよらぬ視点を提供する点で有用であるが、同時に、事後の立場だからこその無謬の正しさを持った「あとだしジャンケン」のようなかたちで、批判のための格好の道具としてふりまわされているのが、日本におけるポストモダン、ポストコロニアル的言説の一側面である。『現代思想』一九九四年一月号における丸山眞男特集は、このような立場からの丸山批判のひとつの契機となった。

5　さらに、そうした丸山の思考構造は生涯を通じたものだったと松本は証言している。

［第二章］

1　一九八〇年代までに寄せられた批判は、多くが丸山の解釈や分析方法に関するものである。ひとつは、丸山の理解は江戸時代前期の朱子学が純中国的であることを前提としているが、実際にはそれは日本的な変容をうけているという批判である（尾藤正英『日本封建思想史研究』、田原嗣郎『徳川思想史研究』、渡辺浩『近世日本社会と宋学』）。この点に関しては、封建的とされた朱子学の可能性も見出された（尾藤の前掲書、守本順一郎『東洋政治思想史研究』）。また、丸山は徂徠や宣長に近代的な思惟を見出したが、彼らの思想はまぎれもなく封建思想だという批判も寄せられた（吉川幸次郎「日本的思想家としての徂徠」、本郷隆盛「近世思想論序説」）。さらに、思惟様式に注目する方法論についても疑義が提出されている（松本三之介『国学政治思想の研究』、尾藤正英「国家主義の祖型としての徂徠」)。

そして、丸山の解釈の根幹にあたる徂徠の理解や評価に対しても批判は及んでおり、『日本政治思想史研究』の刊行時から、家永三郎や吉川幸次郎は書評で丸山の徂徠理解について疑問を呈し、吉川はその後、丸山説とは異なる徂徠像を描き出すこととなる(吉川幸次郎「徂徠学案」、「民族主義者としての徂徠」、「日本的思想家としての徂徠」)。ほかにも、平石直昭は丸山による徂徠のテキストの読みについて詳細に検証し、「公」、「私」の用法についての理解が正確でないことや、「作為」についての理解が曖昧であることなどを指摘している(平石直昭「戦中・戦後徂徠論批判」)。

2

ポストモダン派の丸山論は、『現代思想』一九九四年一月号の丸山眞男特集を契機としており、なかでも特に詳細な検証のもとに批判を展開しているものとしては、中野敏男『大塚久雄と丸山眞男』(二〇〇一年)が挙げられる。中野は戦前の丸山のテキストから、「近代の超克」論との親和性や、総力戦への動員を呼びかける姿を読みとり、丸山の思想を「国民総動員の思想」だと結論づける。しかし、中野には慎重な読解よりも、丸山を国家主義者に仕立てようとする気持ちが優先しているように思われる。

例えば中野は、作為論文に出てくる「魔物」という言葉は天皇を指すとして、この「魔物」の存在を歴史的必然とする丸山の論は一君万民型の天皇制を認め、総力戦体制に必要な国民的啓蒙の役割を担っているとする(中野二〇〇一、一六一―一六五頁)。しかし実際には、「魔物」という言葉は、自然な状態をもたらそうとして行なう作為が、その意図に反してついには自然な状況を破壊してしまうことを指しており(集②四八―四九頁)、中野の断定には飛躍がある。また中野は、戦中の国民動員の不備に苛立つ丸山が、そうした状況を批判するものとして福沢諭吉の著書を読んだとして、丸山の思想を「国民総動員の思想」と結論づけるが(中野二〇〇一、一六九―一七二頁)、実際に丸山が痛快だったのは、「明治日本が西欧から受けた抑圧を中国や朝鮮に移譲したように、軍人は上には恐縮して下には威張る」という福沢の分析が、今でもなお通じるものだったからである(集⑭二〇一―二〇二頁)。私は、中野が丸山の思想を「国民総動員の思想」であると結論する過程には誤読があると考える。

ポストモダン派に対しては、間宮陽介、田口富久治、小林正弥、冨田宏治、平石直昭などの論者が反論しており、彼らは丸山の所論を文脈から切り離して一方的な読み込みをしていると批判している（間宮陽介『同時代論』、『丸山眞男』、田口富久治『戦後日本政治学史』、『丸山眞男とマルクスのはざまで』、小林正弥編『丸山眞男論』、冨田宏治『丸山眞男』、平石直昭「戦時下の丸山眞男における日本思想史像の形成」）。また、中野の前掲書については、木下真志が近年の丸山論の主なものとして批判しているほか（「丸山眞男論の一傾向」）、丸山にゆかりのある人々が発行する『丸山眞男手帖』誌上における鈴木正や高田勇夫による反論がある（『丸山眞男手帖』第二二号、二〇〇二年七月、第二三号、二〇〇二年十月）。

3

「近代の超克」座談会は一九四二年の夏におこなわれ、『文學界』の九月号と十月号に「文化綜合会議 近代の超克」として掲載された。参加者は、西谷啓治（哲学）、諸井三郎（音楽）、鈴木成高（歴史）、菊池正士（科学）、下村寅太郎（哲学）、吉満義彦（神学）、小林秀雄、亀井勝一郎、林房雄、三好達治、津村秀夫（映画）、中村光夫、河上徹太郎の計十三名で、その記録は翌年に『近代の超克』（一九四三年）として書籍化されている。

　座談会では、冒頭において、前年（一九四一年）十二月八日の対米英開戦以後に、国民が共有する感情をあらわすひとつの符牒として「近代の超克」という言葉が河上徹太郎によって提示され、それについて参加者の意見が交わされる。しかし、「近代」とは何かが明確に定義されておらず、各人が想定する乗り越えられるべき「近代」が様々であるため、議論は最後まで集約されることがなくバラバラである。たとえば、京都学派の西谷や鈴木は西洋における「近代」の限界を問題視し、『文學界』の同人たち（小林、亀井、林、三好、中村、河上）は主に日本人の精神態度を問題にしたが、一方で吉満、菊池、中村、下村らはいわばそれらの議論の前提を確認しようとしている。しかし、このちぐはぐな座談会は、特に戦場に行くことが必然とされていた学徒たちによって、自分の運命を意味づける拠りどころとして熱心に読まれ、敗戦後には批判や怨みが向けられる対象となった。

　一方、「近代の超克」と並んで語られることの多い「世界史の哲学」は、京都学派の高坂正顕《こうさかまさあき》、西谷啓治、高山《こうやま》岩男、鈴木成高による『中央公論』の座談会で提示されたもので、日本が現在の世界でおこなうべき役割や使命、そして戦争の意味について議論されている。座談会は、開戦直前から計三回おこなわれ（「世界史的立場と日本」一九四二年一月号、「東亜共栄圏の倫理性と歴史性」一九四二年四月号、「総力戦の哲学」一九四三年一月号）、その後、『世界史的立場と日本』（一九四三年）として刊行された。「近代の超克」座談会とは対照的に、こちらの座談会は大東亜戦争や大東亜共栄圏の意義や正当性について、西洋の哲学や思想を用いてしっかりと議論しているが、戦場に向かう学徒たちに多く読まれ、敗戦後は非難の的とされた点は同様である。

4 このような丸山のファシズムの位置づけ方は、ジンメルの論考の影響を感じさせる。緑会論文にも注釈でジンメルの「現代文化の葛藤」という論文に若干触れている箇所があるが、ジンメルは同論文において、「生」の創造的運動は、文化、制度、宗教、科学的認識など「形式」となってあらわれ、古い「形式」は新しい「形式」へと更新されるものであるが、現在は「生」がのさばって、新しい「形式」をつくるのではなく、「形式」の破壊ばかりを行なっている、との認識を示している。つまり丸山はこの、のさばっている「生」にファシズムを重ね合わせたわけである。

5 酒井直樹・中野敏男・成田龍一「シンポジウム『日本政治思想史研究』の作為」における酒井の発言、及び中野の前掲書、今井弘道『丸山眞男研究序説』（二〇〇四年）、『三木清と丸山真男の間』（二〇〇六年）。また、後に公開されたインタビューの記録では、丸山はこの論文を執筆する直前に三木清の論文「有機体説と弁証法」を読んでいたと語っている（「丸山先生にきく　生きてきた道——『戦中と戦後の間』の予備的な試み」、『丸山眞男手帖』第四六号、二〇〇八年七月）。

6 東大法学部を非難の対象としていたのは、「原理日本社」の蓑田《みのだ》胸喜《むねき》（一八九四—一九四六年）ら国粋主義者たちである。丸山の説明によれば、「原理日本社」は軍部や貴族院議員の一部から援助を受け、自由主義的な言論を行なう教授たちに公開質問状を送って「謝罪」をもとめたり、講義内容を然るべき筋に通報して「断乎たる処置」を促すなどの活動を行なっていたという（集⑨一二七頁）。彼らは滝川事件を仕掛けたのち、東大の法学部に照準を定めた。

7 支那停滞説はヘーゲル『歴史哲学』によるものであるが、それは当時の状況に適った理解でもあった。丸山は一九五二年の『日本政治思想史研究』刊行時にその旨を弁解しつつ、この解釈を訂正している。

8 歴史学者の粟屋憲太郎の用語である（粟屋 一九七二、二二一頁）。

9 以後の丸山は、一九四六年に行なわれた木村健康《たけやす》との対談で、「近代化の不徹底」と同時に「近代の超克」の必要性があるとの認識を示している箇所もあるが（「学生の表情」、座①一〇頁）、往々にして「近代化の不徹底」というスタンスの一元化がなされている。

10 〝戦後の丸山眞男〟が誕生するもうひとつの契機は、終戦から半年間にわたる思想的格闘の末の転換である。これについては、次章で述べる。

［第三章］

1 爆心地から二キロ離れると「遠距離被爆者」となる。四キロほど離れた宇品で被爆した丸山は、被爆者のなかでは軽度の部類にはいる。丸山は、爆心地から離れた宇品にいたこと、しかも兵隊だから被爆した市民に対して傍観者のような立場にいたことなどから、自分も被爆者だと言うことにはおこがましさを感じていたという（集⑯三六三頁）。

2 この草稿は、「戦後初めての講義の講義案」と記された封筒に保存してあるという（苅部 二〇〇六、一二五―一二六頁）。また、丸山自身も座談において幾度か、戦後初めての講義でこのことをしゃべったと述べている（座③二九八―二九九頁）。ここで問題になるのは、その講義というのが、丸山が法学部で担当していた東洋政治思想史講座の講義なのか、それとも終戦直後に法学部が国民啓蒙のためにはじめた「大学普及講座」なのかという点である。東洋政治思想史講座が開講するのは一九四六年十月であるが、その際にどのように講義をはじめたかを示す記録は残っていない。一方、「大学普及講座」は一九四五年十一月十三日に開講され、年内は週三回のペースで行なわれていたが、この時期の講義の記録はなく、丸山が「大学普及講座」に言及した箇所も見あたらない。

3 丸山の記憶によると、我妻栄、大内兵衛《ひょうえ》、矢内原忠雄、宮沢俊義といった錚々たるメンバーから成る憲法研究委員会は一九四五年の暮れまでに設置されたという（集⑮六四頁）。対して、我妻栄は、憲法研究委員会の設置を一九四六年二月十四日としている（我妻 一九六三、二六頁）。

4 「八月革命説」について、どこまでが丸山のアイデアで、どこまでが宮沢のアイデアであるのかは明確ではない。鵜飼信成は、憲法研究委員会で丸山が「日本国憲法の基本原理は、八月一四日で崩壊し、代って新しい基本原理が生れたのではないか。歴史的にいえば、これは八月革命と呼ぶのが正しいのではないか」（鵜飼 一九八四a、二八頁）と発言したとの伝聞を紹介し、「八月革命説は、もともと丸山真男教授が研究会で提示したものを宮沢教授が、丸山教授の承諾を得て憲法学者の説として発表した」（鵜飼 一九八四b、四〇四頁）ものだとしている。それに対して高見勝利は、「宮沢は、丸山から、『八月革命』という言葉を借用したとしても、そのアイディアそのものは、宮沢自身のものであったと思われる」（高見 二〇〇〇、一七七頁）とする。なお本章は、丸山の「八月革命説」のオリジナリティはさておき、丸山がこれを「革命」ととらえ、そのことが丸山自身の思想的格闘、自己変革にも影響したことを述べんとするものである。近年は米谷匡史が「八月革命」は敗戦時ではなく後付けで考えられた「神話」であり「偽造」であるとしており（米谷 一九九七、四〇―四一頁）、その説を踏襲した佐藤卓己も「偽史の創作」だとするが（佐藤 二〇〇五、二五五頁）、問題の本質は一九四五年八月にそのことに気づいたか否かではないため、両者の指摘は論点をはずしていると私は考える。

5 丸山は、吉野源三郎と塙作楽《はなわさくら》（丸山の中学からの友人で当時は岩波書店に勤務）がやってきて、田中耕太郎の推薦によるものとして原稿を依頼されたと語っている（座②二一三頁）。一方、塙は戦前に喫茶店で丸山や林健太郎と雑談をしていた時に丸山が話していたことを論文にしてほしいと思い、編集打ち合せの際に吉野に頼んだと述べている（塙 一九九〇、三六頁）。

1　ただし、〈第一期〉は占領下であったことが関係してか、丸山が「一身独立して一国独立す」の言葉を用いることはほとんどなかった。

2　座談会の出席者は、古在由重（マルクス主義思想家）、清水幾太郎（社会学者）、林健太郎（歴史学者）、真下信一（マルクス主義哲学者）、松村一人（マルクス主義哲学者）、丸山眞男、宮城音弥（心理学者）、吉野源三郎（雑誌『世界』編集長）の計八名である。マルクス主義者のなかでも、主体性についての見解は一枚岩ではない。例えば、この座談会には参加していないが、主体性論争のきっかけをつくり、マルクス主義者のなかでも主体性に注目する梅本克己のような人物と、正統的なマルクス主義を奉じて客観主義の立場に立つ松村一人の立場は明確に異なっている。

3　丸山は、のちに一九五九年度の東洋政治思想史講義において、エートスを次のように定義している。「Ethos　人間の行動様式を内面的に規制して行動を指示する気質。ただし、ある程度社会化されたもの。もちろん、必ずしもrationalなものではないが、さりとて、まったく無意識的なものでもない。一方の端に倫理思想的moralをおき、他端に感情・情操などのemotionalなものをおくとすれば、その中間にそれは位する」（講⑤三一三頁）。

4　「日本ファシズムの思想と運動」は、日本の右翼運動の消長を追いつつ運動の特質を示したものである。同論文で丸山は、天皇とその「赤子」たる国民という家族主義や農本主義のイデオロギーが掲げられたこと、また「亜インテリ」が運動の担い手となったことなどを、日本の右翼運動における特質として挙げている。「亜インテリ」とは、擬似インテリの意で、日本における中間層の二つの類型のひとつである。丸山が具体的に挙げるのは、小工場主、町工場の親方、土建請負業者、小売商店の店主、大工棟梁、小地主もしくは自作農の上層、学校教員（特に小学校、青年学校の教員）、村役場の吏員・役員、その他一般の下級官吏、僧侶、神官など。これらのファシズムの社会的地盤となった擬似インテリに対し、丸山が本来のインテリとして示す中間層のもう一つの類型は、都市におけるサラリーマン階級、いわゆる文化人ないしジャーナリスト、その他の自由知識職業者（教授や弁護士）、および学生層である（集③二九六―二九七頁）。

［第五章］

1 アメリカの共和党上院議員であるジョセフ・マッカーシーによる赤狩りのこと。マッカーシーは、トルーマンの中国政策の失敗に乗じて、リベラル派の官吏や外交官、軍人などを名指しで共産主義者と決めつけ、追放する運動をおこなった。

2 時事通信社が企画するシリーズ「二十世紀日本文明史」において、丸山は『社会思想五十年』を執筆する予定であった。丸山はこの執筆を契機として、自身の勉強が手薄であると考えていた大正時代についての理解を深めることを目指しており、また、この時予定されていた著作は、丸山の生涯を通じてみても唯一、一冊の本を書く機会であったのであり、丸山の意欲には並々ならぬものがあったと考えられる。なお、第一章でも述べたように、丸山の主な著作はすべて論文集であり、一冊の本を予定して執筆されたものはない。

3 「ある自由主義者への手紙」の末尾で丸山は、「ある自由主義者」に対し、日本の政治的状況は世界と密接につながっていると君は反問するかもしれないから、その問題については次便で書き送ろうとして論を結んでいる（集④三三四―三三五頁）。おそらくこの次便が「三たび平和について」にあたる。ただし、丸山がこの「三たび平和について」の第一章と第二章を執筆したことは、一九八〇年代まで明らかにされなかった。ちなみに、「三たび平和について」の第三章と第四章は、それぞれ憲法を解釈すれば再軍備は望ましくないという主張と、国内体制の問題を国際関係の対立に持ち込むべきではないという主張がなされており、第三章は鵜飼信成、第四章は都留重人の執筆による。

4 「瘠我慢の精神」の論理とは、福沢が脱稿の後、勝海舟、榎本武揚など数人に示すにとどめ、公開することなく秘していた「瘠我慢の説」を指す。「瘠我慢の説」において福沢は、私情である瘠我慢こそが国家を成り立たしめているものだと主張する。そして明治維新の折り、二百七十年も存続した幕府が倒れたというのに、新政府に対して大きな抵抗が見られなかったことを問題視する。勝はこれに際して犠牲や破壊を最小限に留めるべく尽力したが、瘠我慢を大きく損なわせたことについての責任を免れ得ない、と福沢は言う。また、勝や榎本などの幕臣が、新政府の一員として活動していることを非難している。

5 丸山が二度の入院のために執筆を予定しながら果たせなかった論文は三つ存在する。ひとつは『社会科学講座』（弘文堂）のシリーズに書かれる予定であった「戦争」という論文である。これは一度目の入院に阻まれて執筆することができなかった。しかし、そこで執筆される予定であった内容の一部は、翌一九五二年に発表された『政治の世界』の記述に反映されているとの印象を受ける。さらに二度目の入院の際には、雑誌『思想』において丸山が中心となって企画し、まさに継続中であった「日本ファシズム共同研究」への執筆が断念された。そしてもう一つは、本文中でも述べた『日本資本主義講座』（岩波書店）のシリーズに執筆される予定であった論文である。当初は、「再軍備と軍国主義」というタイトルが予定されていたようだが、結局、日高六郎、升味準之輔、高橋徹によって「旧意識の温存と変容」というタイトルで論文は執筆された。

［第六章］

1 もちろん丸山にとって、これまで戦後に発表した論文は自己批判的なものであり、丸山自身も次のように述べる。「われわれの世代というのは、戦争直後の三十そこそこのときに、戦争責任論とか、天皇制論とか、主体性論とか、いろんなことをあちこちでいい出したけれども、そこには多かれ少なかれみんな自己批判がこめられていたわけなんだね」（座④二二九頁）。しかし、丸山の入院以前と以後では、自己批判的な姿勢に格段の差がある。それには療養所体験のみならず、逆コースのはじまりの時期に丸山自身が心の中の「天皇」に気づいた経験が大きいと私は考える。

2 例えば丸山は『現代政治の思想と行動』に、『政治学事典』の「軍国主義」の項目を収めるにあたり、次のような一行を書き加えている。「軍国主義自体は一つのイデオロギーであるとしても、その解毒のためには単なる反軍国主義や平和主義のイデオロギーの鼓吹では足りない」（集⑥三二〇頁。傍点は丸山）。

3 丸山はこの論文で、マルクス主義者の思考様式の固定化を批判的に指摘する一方で、それを打開する芽をマルクス主義に認めてもいる。しかし、マルクス主義者の理解を得るどころか、誤解や反発を多く生んだ。直後に刊行した『現代政治の思想と行動』では同論文を「『スターリン批判』における政治の論理」と改題し、内容についても、論文の意図とともにマルクス主義を狙い撃ちして否定するものではないことを、丁寧すぎるほどに説明を書き加えている。

4 丸山は「反動の概念」でとりあげた正統性の問題について、さらに『近代日本思想史講座』シリーズ（筑摩書房）の一冊でとりあげるべく「正統と異端」という論文を執筆する準備を行なっていたが、結局完成を見ることはなかった。「正統と異端」論文を計画して以来、約三十年にわたって論文執筆のための研究会を続けながら執筆を試みた末での結果であった。なお、現在も同シリーズの第二巻『正統と異端』は欠巻となっている。

5 強いて言えば、このうち「開国」（一九五九年）には、丸山が言うような姿勢の変化につながる問題意識の芽生えが若干見られる。「開国」論文では、過去の経験から現在的な問題や意味を自由に汲みとることが必要だという問題意識が表明され（集⑧四七頁）、また明治維新において儒教的な観念を読みかえることによって国際社会に対応していった様子などが描かれている（集⑧六二―六四頁）。しかし、論文全体を見た場合、「開国」論文で論じているのは「閉じた社会」から「開かれた社会」へと移行していくその様であり、「伝統から将来の可能性を自由に探る」という姿勢にまではなっていない。

6 丸山の新たな日本思想史のスタンスは、竹内好が執筆した『近代日本思想史講座』のまえがきにも丸山の意見の反映としてあらわれているが、丸山個人の文章としては、一九六一年の「思想史の考え方について」で示されることとなる。丸山はそこで、「過去の思想的伝統を生かす」ということが日本思想史研究が当面する問題のひとつであるとして次のように述べている。「過去の伝統的な思想の発掘を問題にする場合に、われわれはその思想の到達した結果というものよりも、むしろその初発点、孕まれて来る時点におけるアンビヴァレントなもの、つまりどっちにいくかわからない可能性、そういったものにいつも着目することが必要であります」（集⑨七六頁）。

7 この「まえがき」は丸山ら編者の意見を代表して、竹内好が執筆している。「戦争を経験せずに戦後に生れそだった世代が、そろそろ青年期に達しようとしている。〔…〕古い世代との間に思想の断層がうまれ、その断層が埋められないで放っておかれる状態は、正しいであろうか。〔…〕私たち戦前派と、戦後派の若い人々の間に生じ、また拡大しつつある思想（知識でない）の断層は、私たちの手で埋めなくてはならない」（竹内 一九五九a、一一四頁）。また、世代交代への不安については、他にも一九五九年の座談会「天皇制」（『婦人公論』一九五九年七月号）、「現代はいかなる時代か――敗戦15年の時点に立って」（『朝日ジャーナル』一九五九年八月九日号）などで語られている。さらに「忠誠と反逆」の本文では、「幕末維新における忠誠観念のすさまじい激突と混乱をもはや自らの経験のなかに持たない世代が、日露戦争前後から続々と成年期に達していた〔…〕」。この見えない世代の交替の意味を無視して、平面的＝概括的に『明治的人間像』を語ることはできない」（集⑧二五二頁）などと、世代交代の問題を明治時代になぞらえて記述している。丸山は、明治は二十年経って変質し、四十年経って「二重の脱落」に至るとしており、これに従うなら、戦後十五年の当時はその第一段階が近づいていたことになる。

8 安保闘争中に行なわれた座談会で、丸山は次のように発言している。「見通しからいうと、私は結局今度の事件もいつの間にかルーティンに落ち着きそうな気がする。ただそのルーティンがきたって、やはりこの大きな経験は経験です。これは必ず資産になりますよ、もとのもくあみでは決してない。しかし現実はやっぱり連続性の面をもっていて〔…〕むしろ『有頂天の革命的精神のあとには長い宿酔が来る』というマルクスの言葉が実感をもってひびくようになるでしょう」（座④一一七頁）。

［第七章］

1 『丸山眞男講義録』第二冊では、自国を保つにあたって欧米のプリンシプルをとり入れなければならないことが、アジア特有の「開国」に伴うナショナリズムの「パラドックス」とされている。

2 さらに言えば、丸山が「開国」について論じきれず、特に日本の近代化の甘さを指摘する方向に論述が流れてしまったのは、アジアの国家が次々と独立を果たし、日本がやがて置き去りにされることを深く憂慮していたからである。それは一種の時代的制約と言えよう。

3 なお、渡米直前の丸山は「思想史の考え方について――類型・範囲・対象」と「近代日本における思想史的方法の形成」（ともに一九六一年）という二つの日本思想史に関する論考を執筆している。このうち前者は、「思想史とは何か」を考えながら日本思想史という学問の体系化を試みた考察であり、後者は明治維新以来の日本思想史の形成・発展過程を追おうとした未完成原稿である。特に前者には、思想史家が音楽の演奏家のような再現芸術家であり、その仕事は完全に自由な創造ではないものの、自身による創造という契機を含まざるをえない「追創造」であることなど、丸山の日本思想史を語るうえで重要な論述が含まれているが、これらはいずれも本章が追う「開国」の問題をはじめとする日本思想史の内容についての論考ではなく、その外枠についての議論であるため、本章の目的に照らしてとりあげないこととする。また、丸山は帰国後にも「点の軌跡――『沖縄』観劇所感」（一九六三年）、「幕末における視座の変革――佐久間象山の場合」（一九六五年）など、日本思想史に関係するエッセイや講演記録を発表しているが、この時期に丸山がとりくんだ日本思想史研究の成果が結実しているのは、なによりも東大における講義の記録である。

4 一九六〇年代の丸山はあまり目立った論文を残さなかったが、講義のほかにも、対談においてはある程度充実した成果を残しており、たとえば梅本克己・佐藤昇との対談『現代日本の革新思想』（河出書房新社、一九六六年）や古在由重との対談「一哲学徒の苦難の道」（毎日新聞社編『昭和思想史への証言』毎日新聞社、一九六八年）などがある。

5 ただし、丸山自身が現在を「第六の開国」と述べたわけではない。丸山は、西洋との文化接触を「開国」と呼び、中国とのそれに関しては単に「文化接触」としてそれぞれ用語を使い分けており、「開国」の場合には、外敵の侵入の恐れや、急激な文化流入を想定しているようである。よって、丸山にとってはあくまで、戦国時代のキリスト教の流入、幕末および明治維新、そして敗戦後こそが「開国」と呼ぶべき状況であり、儒教、仏教、朱子学の移入は「文化接触」であった。しかし、儒教や仏教も当初は武力的背景をともなって流入したのであり、その点でキリスト教や西洋文明と変わりはない。丸山の言う「開国」と「文化接触」は、根本的には同じ事態をあらわしていると言えよう。もちろん、丸山の用語の使い分けには敏感であるべきだが、本章では便宜上これらの事態を「開国」という言葉でひとくくりに扱っていく。

6 一九六〇年代以降の丸山は、これらの理解をもとに、日本が真の意味での「開国」を果たすべきだという主張を展開するようになる。このとき丸山が問題視しているのは、日本に根深く存在する、ウチかソトかという空間的なひろがりで物事をとらえる思考様式である。そこでは、外国にあるものが「普遍」ととらえられ、反動として日本に生じたものだけが「伝統」とされるため、外来思想を受容するたびにこの悪循環が起き、外国にのぼせることがインターナショナルで、部落《ムラ》的な仲間意識がナショナリズムであるとの意識が蔓延するだけで、精神的な自立とは無縁である（集⑨一三八頁）。この悪弊（「いかれインターナショナリズム」と「垣根ナショナリズム」）を丸山は、「内外《うちそと》論理」、「土着主義」、「植物主義」（思想を体得したか否かではなく、どこに生えたかで思想の所属を決定するため、丸山はこう名付けた）などと呼び、日本がこの思考様式を断ち切り、本当の意味で人間と人間、人間と思想が結びつくべきことを説いた。この主張は、丸山が政治学者として活動していたとき以来の「ものの考え方」の固定化を打開するという主張を、より日本思想史的な文脈においてとらえなおしたもので、「点の軌跡」（一九六三年）で明確にあらわれて以来、エッセイや講演など多くの場面でくり返し説かれていく。

7 政治意識の「古層」については、一九七五年にオックスフォード大学セント・アントニーズ・カレッジでおこなわれた日本研究セミナーで、倫理意識の「古層」については、一九七六年にプリンストンの高等研究所で、丸山は報告をおこなっている（集⑫三七四―三七五頁）。

8 丸山は、「政事《まつりごと》の構造――政治意識の執拗低音」（一九八五年）と題する講演記録において、このことについて詳しく論じている。また、倫理意識の「古層」については、丸山は論文を残さなかったが、近年、英文を翻訳した原稿が「日本における倫理意識の執拗低音」として公表されている（『丸山眞男集 別集』第三巻、岩波書店、二〇一五年）。

9 「古層」研究以外の一九七〇年代の丸山の日本思想史研究としては、荻生徂徠にまつわる発見や裏話を紹介した『「太平策」考』（一九七三年）や「荻生徂徠の贈位問題」（一九七九年）があるが、これらはどちらかと言えば余技に類する研究である。また、柔軟で直線的ではない「ものの考え方」の必要性や、いわゆる内外《うちそと》論理を断ち切るべきという主張をもとに表題のテーマを論じた「福沢諭吉の人と思想」（一九七一年、文章化は一九九五年）、「日本思想史における問答体の系譜――中江兆民『三酔人経綸問答』の位置づけ」（一九七七年）、「近代日本の知識人」（一九七七年）も、本章の目的に照らした場合、「古層」研究に准ずるものと言える。そのほか、丸山が自身の研究の歩みと「古層」論について補足的に語った「思想史の方法を模索して――一つの回想」（一九七八年）や「日本思想史における『古層』の問題」（一九七九年）などがあるが、いずれも古層論文のような中核的な研究とは異なるものである。

10 丸山は、下から見た権力に対する「忠誠と反逆」を、今度は上から見ると「正統と異端」という問題になる、と語っていたという（石田 二〇〇五、四三頁）。

11 鶴見俊輔は、闇斎論文を執筆するうえでの丸山の苦しみを、右翼的な思想への肉体的な抵抗感に求めており（鶴見 二〇〇七、二頁）、それは間違いではないが、私がここで述べたいのは、より根本的な原因である。

12 闇斎論文以降の一九八〇年代の丸山の日本思想史研究としては、自身の研究の歩みと「古層」論について語った「原型・古層・執拗低音――日本思想史方法論についての私の歩み」（一九八四年）や、政治意識の「古層」について述べた「日本思想史をめぐる諸問題」（一九八五年。のちに「政事の構造」に改題）があるが、これらの内容はすでに一九七〇年代に語られていたものである。また、『「文明論之概略」を読む』（全三冊、一九八六年）の刊行は丸山にとって最後の大仕事であり、福沢研究の締めくくりとしても貴重な著作であるが、もともと岩波書店の面々とおこなっていた読書会の録音テープが丸山の知らないところで編集者によっておこされ、それに丸山が手を加えたものであるため、古層論文や闇斎論文のような主たる研究とは言えない。いずれも本章の目的に照らしてとりあげるべき日本思想史研究とは異なるのであり、それは一九九〇年代の研究についても同様である。

13　こうしたナルシシズムは、外来思想を受容してきた島国日本の伝統的な病弊であり、その典型は、神仏習合の「本《ほん》地《じ》垂迹《すいじゃく》説」（仏が神となって日本に現れたとする説）を裏返した、「根本枝《こんぽんし》葉果《ようか》実《じつ》説」（仏教や儒教が日本で栄えるのは、すべての根本である神道があるからだという説）である。

14　おそらく山本七平は、このような見方を三上参次『尊皇論発達史』（冨山房、一九四一年）などの、戦前における思想史研究に負っている。

15　吉川幸次郎「徂徠学案」（一九七三年）、加藤典洋『日本人の自画像』（二〇〇〇年）の解釈に依拠している。

16　「古層」論への明確な批判の嚆矢となったのは、子安宣邦の「『古層』論への懐疑」（一九八六年）であった。子安はここで、「古層」論のような日本的な特徴を見出そうとする行為そのものが、日本的な特徴というものを実体化させるとして、その閉鎖的で出口のない議論のあり方を批判している。そして、一九九〇年代には多数の丸山批判が提出され、たとえば『現代思想』一九九四年一月号の丸山眞男特集では、米谷匡史が子安の論に沿って「古層」論批判を展開しているほか、酒井直樹や姜尚中らが、丸山の論が日本という国民国家の枠組みを無批判に前提としていることを批判している。しかし、そもそも丸山は日本を絶対的な単位として想定しているのではない。批判者たちがそう決めつけているのであって、彼らは「国民国家批判」やポストコロニアル研究などの海外の学問的潮流を日本の事例にあてはめて丸山を批判したに過ぎない。当然、これらの批判は丸山の胸に届くものにはならなかったが（書⑤二二一頁）、このようなすれ違いを生んだ一因は、「古層」論の分かりにくさにもあっただろう。

17　『新訂 標準音楽辞典』（音楽之友社、一九九一年）の「バッソ・オスティナート」の項による。

18　バッハの《シャコンヌ》とは、正式には、《無伴奏ヴァイオリンのためのソナタとパルティータ》のパルティータ第二番ニ短調（BWV一〇〇四）の第五曲のことである。なお、丸山はのちに「執拗低音」について説明する際に「ヴァイオリン」や「フルート」などの楽器を挙げていることから、何かの協奏曲を想定していると考えられるが、おそらく丸山が思い浮かべているのは、ブラームスの交響曲第四番の第四楽章ではないかと私は思う。ブラームスは、十九世紀のロマン派の時代に属する作曲家であるが、彼にとって最後の交響曲の最終楽章において、十七世紀のバロック音楽の形式である「シャコンヌ」を用いた。シャコンヌは、「執拗低音」を構成原理とする楽曲の代表的な形式である。しかし、交響曲の楽譜を示すことは困難であるため、本書ではバッハの《シャコンヌ》をとりあげた。この楽曲を用いて、「執拗低音」と丸山の「古層」論を説明した著作としては、すでに中野雄『丸山眞男音楽の対話』(一九九九年)がある。

19 特に、前注で触れたブラームスの交響曲第四番では、「執拗低音」が冒頭に主題としてあらわれ、また、各楽器の強弱によって「執拗低音」がほとんど聞こえなくなるなど、この特徴のメリハリがはっきりと見られる。

20 丸山はその警戒から、「執拗低音」として見出した日本的な要素や特徴は「特殊性」ではなく「個体性」であると強調しており、個々の要素は世界中どこかにあるもので、日本に特有なものなど何もないと述べている(集⑫一三七頁)。

21 歴史意識の「古層」のみならず、アカキココロ、キヨキココロなどの「正直」や「無私」の状態を「善」とする倫理意識の「古層」についても同様である。

22 紀平正美『なるほどの哲学』(一九四一年)、『皇国史観』(一九四三年)、『萌え騰《あが》る日本』(一九四四年)。

23 山田孝雄『肇国の精神』(一九四〇年)、『国史に現れた日本精神』(一九四一年)、「日本肇国史」(一九四三年)。

24 本文中で挙げた以外に、たとえば戦前に東大法学部を標的としていた原理日本社(第二章を参照)の三井甲之《こうし》も「中今」論を展開していた(三井 一九三四、三四―三六頁)。これについて片山杜秀は、丸山が「通奏低音」としてとらえた「永遠の今」という時間意識を、三井は「丸山の戦後の論よりもはるか以前に『主旋律』にまで高めていた」(片山 二〇〇七、四六頁)と述べているが、「古層」論の趣旨を正確に理解したうえでの表現とは言えないだろう。また、正しくは「通奏低音」ではなく「執拗低音」であり、近年ではこのように両者を混同する誤りがしばしば見られる。

[第八章]

注

1 養老孟司・齋藤磐根『脳と墓Ⅰ　ヒトはなぜ埋葬するのか』（一九九二年）によると、人間と他の霊長類の違いは、墓をつくることに見出される。埋葬を最初におこなったのは旧人のネアンデルタール人であったが、徐々に死者の観念が明確化し、旧人の終わり頃からクロマニョン人などの新人の時代にかけて、副葬品が添えられたり、屈葬がおこなわれたりするようになった。また、同書によると、死者の観念の成立には、ヒトが単なる部族という群れから脱却し、社会を形成したことが影響している。文化人類学の研究は、原始社会において、部族間で広範囲に種々のモノが交換され、また婚姻によって女性が交換されることを明らかにしているが、これと同じく生命もどこかから授けられ、死とともにどこかへと失われる様から、ヒトは新しい生命が戻ってくることを求めて死者を彼岸に送り、儀礼として埋葬をおこなうようになるというのである。そしてヒトは、死者を観念化することで、物事を抽象化する能力を身につける。養老によれば、抽象化とは、頭の中でつじつまをあわせることであり、つまり、昨日まで生きていた人間が死んでいなくなったことに対して、墓を本人の代理としてシンボル化することで、つじつまをあわせる（養老　一九九二、八二頁）。考古人類学の研究は、新人の出現以来、彫像や壁画や幾何学文様など、機能と関係ない象徴的な表現をもつ人工物があらわれ、五万年前にはビッグバンと呼ばれるほどの拡大があったことを明らかにしているが、そこには死者の存在が大きく関係していることだろう。いわば、人間は死者を感じ、墓をつくることで、人間になったのである。内田樹はこうした議論を受けて、人間を「死者の声が聞こえる動物」と定義づけている（内田　二〇〇四a、一五六頁）。

2 丸山にとってより身近なところでは、親友であり、のちに義兄となる小山忠恕が、労働者にアジトを提供したとして一高から無期停学の処分を受けている。小山は丸山の同学年で、成績は学年のトップクラスだった。ただし小山の場合は、一年間の停学ののちに復学を果たし、東大経済学部に進学して、興銀に就職している。

3 同様の指摘を苅部直もおこなっている（苅部　二〇〇六、六六頁）。

4 ただし実際には、当時すでにマルクスを表立ってとりあげることがはばかられた時代であったため、丸山はその分析をマンハイムに負うかたちにしている。

5　たとえば、仲間うちで発行する小冊子（一九六〇年度の丸山ゼミの卒業生たちが発行する『'60』など）や、慶応大学法学部のゼミ（「日本思想史における『古層』の問題」、集⑪）、早稲田大学政治経済学部のゼミ（「早稲田大学丸山眞男自主ゼミナールの記録」、『丸山眞男手帖』第九号、一九九九年四月、第一一号、一九九九年十月、第一九号、二〇〇一年十月、第二一号、二〇〇二年四月）での発言に、そうした傾向が見られる。

6　丸山の弔いに対する強い想いについて、安田武（思想家）の家族は、次のように述べている。「安田没後、葬儀には出席できなかったのでと、わざわざ私宅までお越しくださったことがある。その頃すでに先生〔丸山のこと〕の体調は思わしくなく、酸素ボンベを常に手放せなくなっておられたことを思うと、今も涙を禁じ得ない。思うに、先生の安田武へのお心づかいは、招集〔ママ〕され死んでいった多くの同僚、後輩たち学徒への哀悼の思いに裏打ちされたもので、その深いお心が、ひとり安田に対してのみでなく、残された私にまでおよぼされ〔…〕たのだと、感謝しております」（書⑤一七一頁）。また、丸山に近しい中野雄も、その強いこだわりを次のように記している。「丸山には死者を悼み、その冥福を祈る気持が人一倍強かった。晩年、体調が思わしくなく、周囲が丸山の健康を深く憂慮しているようなときでも、先輩・友人の弔事には必ずといってよいほど顔を出していた。通夜の席上、あるいは告別式の折に丸山眞男が病軀をおして参列している姿を見て、『改めて故人の死のもつ意味を考えさせられた』と語る人と、私は幾度となく出会っている。『丸山眞男集』には、丸山が記した弔辞や弔電のいくつかが収められているが、彼はその一字一句に精魂を込め、推敲を重ね、句読点ひとつをも忽《ゆるが》せにしなかった。絶筆となった経済史学者大塚久雄への弔辞は、丸山自らが死の床から口述筆記によって贈ったものであるが〔…〕、言葉の選択、加除修正に示した丸山眞男の気迫と真摯な姿勢は、情景を知る者すべてに『生涯忘れ得ぬ体験』と、その想い出を語らせるほど、強烈な印象を遺した」（中野 一九九九、二三六―二三七頁）。

7　これはアメリカ人のラカン研究者であるステュアート・シュナイダーマンの説で、彼はラカンがセミネールで述べた「それ以外の方法で語ると『彼ら（they）』が許してくれない」との言葉から、このことに思いあたった（シュナイダーマン 一九八五、二五二頁）。つまり、その「彼ら」とは戦死者の幽霊ではないか、というのである。

8 内田樹『他者と死者』の用語で言うと、①は「主体」という概念への懐疑である。レヴィナスの論考は、「まず主体があり、それが他者を志向する」という、それまでの西欧近代の知性がもっていた自我中心主義を転倒させるものであった。彼の複雑な戦中体験や戦死者たちの存在は、従来の西欧近代における「私」という「主体」の自明性や中立性が存続することを許さなかったのである。②は「存在論の用語の回避」であり、端的に言えば、存在しない「死者」について、「死者として存在する」ような扱い方をしてはいけない、ということを意味する。「死者」として存在する限り、それが生者たちに利用され、まさに第一次世界大戦のあとに第二次世界大戦が起こったように、果てしない復讐と戦いがくり返される。たとえ「存在しない」という言い方であっても、あくまで存在論の用語で語っているのであり、レヴィナスは従来とは異なるかたちで「死者」を語る方法を模索したのである。③は「根源的有責性」で、つまり、人間はもとからすでにあらゆる行動に先んじて有責だ、という考え方である。他者からの告発や神の咎《とが》めによって有責性を覚知するという順序で考える限り、悔恨や恐怖のためにおこないを正すことになり、善をおこなうことを人間性に基礎づけることができない。そのためレヴィナスはあえてこのような非論理的な設定を導き出した。ただ、私としては、レヴィナスのアクロバティックな思考の元にあるのは、自分がいつでも罪を犯しうる存在であることを忘れないような、自制的な感覚であると考える。

9 第三章で述べたように、終戦直後の丸山はアメリカから与えられた民主主義や自由に違和感をもっていた。ところが、河上徹太郎が左翼へのあてつけのように「配給された自由」と評したことに反感を覚え、丸山は民主主義や自由の成長をひたすら目指していく。思えば、このときすでに、日本の保守派と革新派は互いを強く意識するなかで、アメリカの存在が見えなくなり始めていたのかもしれない。

10 岸田秀『ものぐさ精神分析』（一九七七年）。なお、加藤典洋は『敗戦後論』（一九九七年）において、岸田の分析をもとに、「内的自己」と「外的自己」の分裂を、戦後の保守派と革新派の関係に重ねている。

11 「ご遠慮デモクラシー」という用語は、山本夏彦『誰か「戦前」を知らないか』（一九九九年）より引用した。

12 太平洋戦争は、日本が経済よりも国家のプライドを優先したように見えるかもしれないが、そうではない。「ハル・ノート」により、国力と経済活動の縮小を求められた日本は、それを失うまいとして戦ったわけで、戦争に伴って愛国的な様々な理念が喧伝されたが、決して理念を貫くために戦争をしたわけではないだろう。逆に、アメリカとの衝突を恐れずに理念やプライドを貫いた行動としては、たとえばフィリピンが一九九二年までに国内から自力で米軍基地を撤退させた事例が挙げられる。

13 丸山を批判した江藤や吉本さえ、この敗北から自由なわけではない。江藤は、「ごっこ」を見抜きながらも、その原因を占領期のアメリカの検閲のせいにして、自分たちのせいにはできなかった。吉本も、安保反対運動を陰で支えるブルジョア民主を肯定したが、デモを屁とも思わぬほどの国民の私的利害の追求に正面から向き合っていたわけではない。

14 尖閣諸島について、石原慎太郎にこうした批判をしているのは、後述する豊下楢彦である（豊下 二〇一二、八―九頁）。

15 豊下楢彦『集団的自衛権とは何か』（二〇〇七年）、豊下楢彦・古関彰一『集団的自衛権と安全保障』（二〇一四年）、豊下楢彦『昭和天皇の戦後日本』（二〇一五年）、孫崎享『戦後史の正体 一九四五―二〇一二』（二〇一二年）など。

16 同書は保守派への苛立ちとともに、対米従属を憎む愛国的な憤り（ナショナリズム）を前面に押し出しており、その点では、近年の革新派よりも、六〇年安保闘争や大学紛争のころの革新派の心情に近い。

17 この点について、より詳しくは、加藤典洋『敗戦後論』（ちくま学芸文庫、二〇一五年）の解説として書かれた拙論「一九九五年という時代と『敗戦後論』」を参照されたい。

文献一覧

我妻栄 一九六三「知られざる憲法討議」、憲法問題研究会編『憲法と私たち』岩波書店（岩波新書）。
鮎川信夫・石原吉郎 一九七三→一九七五「生の体験と詩の体験」、『鮎川信夫著作集』第九巻、思潮社。
粟屋憲太郎 一九七二「翼賛政治体制」、歴史学研究会編『太平洋戦争史』第四巻、青木書店。
飯田泰三 一九九七『批判精神の航跡――近代日本精神史の一稜線』筑摩書房。
―― 二〇〇六『戦後精神の光芒――丸山眞男と藤田省三を読むために』みすず書房。
家永三郎 一九六四「思想家としての丸山真男」、今井壽一郎編著『丸山眞男著作ノート』図書新聞社。
石川真澄 一九九六「丸山コンパス説」、『丸山眞男集』第一六巻「月報16」岩波書店。
石崎津義男 二〇〇六『大塚久雄 人と学問』みすず書房。
石田雄 一九九七「丸山眞男と軍隊体験」、『丸山眞男戦中備忘録』日本図書センター。
―― 二〇〇五『丸山眞男との対話』みすず書房。
石原吉郎 一九七四『海を流れる河』花神社。
今井弘道 二〇〇四『丸山眞男研究序説――「弁証法的な全体主義」から「八・一五革命説」へ』風行社。
―― 二〇〇六『三木清と丸山真男の間』風行社。
色川大吉 一九七〇『明治の文化』岩波書店（日本歴史叢書）。
上原一郎 一九九五「療友としての丸山先生」、『丸山眞男集』第五巻「月報3」岩波書店。
鵜飼信成 一九八四a「宮沢憲法学管見」、『ジュリスト』第八〇七号（一九八四年二月）。

——一九八四b『司法審査と人権の法理——その比較憲法史的研究』有斐閣。

臼井吉見・鶴見俊輔・本多秋五・丸山眞男 一九六四「戦後知性の構図——旧『展望』時代の言論」、『展望』第七〇号（一九六四年十月）。

内田樹 二〇〇四a『街場の現代思想』NTT出版。

——二〇〇四b「死者が許さない」、J＝M・ドムナック編『構造主義とは何か——そのイデオロギーと方法』伊東守男・谷亀利一訳、平凡社（平凡社ライブラリー）。

——二〇〇四c『他者と死者——ラカンによるレヴィナス』海鳥社。

梅本克己 一九六二→一九七七「マルクス主義と近代政治学」、『梅本克己著作集』第三巻、三一書房。

江藤淳 一九七〇→一九八〇「『ごっこ』の世界が終ったとき」、『一九四六年憲法——その拘束』文藝春秋。

——一九八九『閉された言語空間——占領軍の検閲と戦後日本』文藝春秋。

大熊信行 一九四七→一九八〇「告白」、『定稿 告白』論創社。

——一九五七「国家的忠誠」、『岩波講座 現代思想』第三巻、岩波書店。

——一九七〇『日本の虚妄——戦後民主主義批判』潮出版社。

小熊英二 二〇〇二『〈民主〉と〈愛国〉——戦後日本のナショナリズムと公共性』新曜社。

——二〇一二『社会を変えるには』講談社（講談社現代新書）。

片山杜秀 二〇〇七『近代日本の右翼思想』講談社（講談社選書メチエ）。

加藤典洋 一九九七『敗戦後論』講談社。

——二〇〇〇『日本人の自画像』岩波書店（日本の50年 日本の200年）。

——二〇一五『戦後入門』筑摩書房（ちくま新書）。

鎌田栄吉 一九三一「福沢先生と学生」、福沢先生研究会編『我が福沢先生』丸善。

苅部直 二〇〇六『丸山眞男――リベラリストの肖像』岩波書店（岩波新書）。
河上徹太郎 一九四五→一九八一「配給された『自由』」、『河上徹太郎著作集』第一巻、新潮社。
河上徹太郎ほか 一九四三『近代の超克』創元社。
岸田秀 一九七七『ものぐさ精神分析』青土社。
北沢恒彦 一九九一→二〇〇二「書評・丸山眞男『反動の概念』」、『隠された地図』クレイン。
木下真志 二〇〇二「丸山眞男論の一傾向――近年の丸山論に欠けているもの」、高知短期大学『社会科学論集』第八三号（二〇〇二年十一月）。
紀平正美 一九三一→一九四二『なるほどの哲学』畝傍書房。
―― 一九四三『皇国史観』皇国青年教育協会。
―― 一九四四『萌え騰る日本』明世堂書店。
小泉信三 一九四八→一九六八「福沢諭吉」、『小泉信三全集』第二一巻、文藝春秋。
高坂正顕・西谷啓治・高山岩男・鈴木成高 一九四三『世界史的立場と日本』中央公論社。
小林正弥編 二〇〇三『丸山眞男論――主体的作為、ファシズム、市民社会』東京大学出版会（公共哲学叢書）。
子安宣邦 一九八六「『古層』論への懐疑」、『現代の理論』第二三巻第七号（一九八六年七月）。
酒井直樹・中野敏男・成田龍一 一九九七「シンポジウム 『日本政治思想史研究』の作為」、『大航海』第一八号（一九九七年十月）。
笹倉秀夫 二〇〇三『丸山眞男の思想世界』みすず書房。
佐藤卓己 二〇〇五『八月十五日の神話――終戦記念日のメディア学』筑摩書房（ちくま新書）。
司馬遼太郎 一九九〇『この国のかたち 一』文藝春秋。
シュナイダーマン、ステュアート 一九八五『ラカンの〈死〉――精神分析と死のレトリック』石田浩之訳、誠信書房。
白井聡 二〇一三『永続敗戦論――戦後日本の核心』太田出版（atプラス叢書）。
ジンメル、ゲオルク 一九一八↓一九九四「現代文化の葛藤」生松敬三訳、『ジンメル著作集』第六巻、白水社。
高橋源一郎 二〇一五『ぼくらの民主主義なんだぜ』朝日新聞出版（朝日新書）。
高橋源一郎・SEALDs 二〇一五『民主主義ってなんだ?』河出書房新社。
高見勝利 二〇〇〇『宮沢俊義の憲法学史的研究』有斐閣。
高三啓輔 二〇〇四『サナトリウム残影――結核の百年と日本人』日本評論社。
田口富久治 二〇〇一『戦後日本政治学史』東京大学出版会。
――二〇〇五『丸山眞男とマルクスのはざまで』日本経済評論社。
竹内好 一九五九a「講座をはじめるに当って」、『近代日本思想史講座』第一巻、筑摩書房。
――一九五九b↓一九八〇「近代の超克」、『竹内好全集』第八巻、筑摩書房。
田原嗣郎 一九六七『徳川思想史研究』未来社。
筑紫哲也 一九九六「蓮華窓の弟子」、『丸山眞男集』第八巻「月報6」岩波書店。
鶴見俊輔 二〇〇七「一九三〇年代の恐怖の持続」、『東京女子大学比較文化研究所附置丸山眞男記念比較思想研究センター報告』第二号（二〇〇七年三月）。
冨田宏治 二〇〇一『丸山眞男――「近代主義」の射程』関西学院大学出版会。
戸谷敏之 一九七六『イギリス・ヨーマンの研究』（新版）、御茶の水書房。
豊下楢彦 二〇〇七『集団的自衛権とは何か』岩波書店（岩波新書）。
――二〇一二『「尖閣問題」とは何か』岩波書店（岩波現代文庫）。

――― 二〇一五『昭和天皇の戦後日本――〈憲法・安保体制〉にいたる道』岩波書店。
豊下楢彦・古関彰一 二〇一四『集団的自衛権と安全保障』岩波書店（岩波新書）。
中島岳志 二〇一三『「リベラル保守」宣言』新潮社。
中野雄 一九九九『丸山眞男 音楽の対話』文藝春秋（文春新書）。
中野敏男 二〇〇一『大塚久雄と丸山眞男――動員、主体、戦争責任』青土社。
中村哲・丸山眞男・辻清明編 一九五四『政治学事典』平凡社。
橋爪大三郎 二〇〇二『その先の日本国へ』勁草書房。
橋爪大三郎・島田裕巳 二〇〇二『日本人は宗教と戦争をどう考えるか』朝日新聞社。
塙作楽 一九九〇『岩波物語――私の戦後史』塙作楽著作刊行会。
日高六郎・升味準之輔・高橋徹 一九五四「旧意識の温存と変容」、『日本資本主義講座』第九巻、岩波書店。
尾藤正英 一九六一『日本封建思想史研究――幕藩体制の原理と朱子学的思惟』青木書店（歴史学研究叢書）。
――― 一九七四「国家主義の祖型としての徂徠」、尾藤正英責任編集『荻生徂徠』（「日本の名著」16）、中央公論社。
平石直昭 一九八七「戦中・戦後徂徠論批判――初期丸山・吉川両学説の検討を中心に」、東京大学『社会科学研究』第三九巻第一号（一九八七年八月）。
――― 二〇〇四「戦時下の丸山眞男における日本思想史像の形成――福沢諭吉研究との関連を中心に」、『思想』第九六四号（二〇〇四年八月）。
福沢諭吉 一八七五→一九九五『文明論之概略』岩波書店（岩波文庫）。
本郷隆盛 一九八一「近世思想論序説」、『講座日本近世史』第九巻、有斐閣。
孫崎享 二〇一二『戦後史の正体 一九四五―二〇一二』創元社（「戦後再発見」双書）。

松本三之介 一九五七『国学政治思想の研究——近代日本政治思想史序説』有斐閣（大阪市立大学法学叢書）。
松本武四郎 一九九五「『まっさん』との付き合い」、『丸山眞男集』第六巻「月報4」岩波書店。
間宮陽介 一九九九a『丸山眞男——日本近代における公と私』筑摩書房（戦後思想の挑戦）。
—— 一九九九b『同時代論——市場主義とナショナリズムを超えて』岩波書店。
丸山邦男 一九七五『天皇観の戦後史』白川書院。
三井甲之 一九三四『しきしまのみち原論』原理日本社。
宮沢俊義 一九四六「八月革命と国民主権主義」、『世界文化』第一巻第四号（一九四六年五月）。
守本順一郎 一九六七『東洋政治思想史研究』未来社。
安川寿之輔 二〇〇三『福沢諭吉と丸山眞男——「丸山諭吉」神話を解体する』高文研。
矢部宏治 二〇一四『日本はなぜ、「基地」と「原発」を止められないのか』集英社インターナショナル。
矢部宏治（文）・須田慎太郎（写真）・前泊博盛（監修）二〇一一『本土の人間は知らないが、沖縄の人はみんな知っていること——沖縄・米軍基地観光ガイド』書籍情報社。
山田孝雄 一九四〇『肇国の精神』（「日本文化」第五二冊）、日本文化協会。
—— 一九四一『国史に現れた日本精神』朝日新聞社。
—— 一九四三「日本肇国史」、孫田秀春責任編輯『日本国家科学大系』第一巻、実業之日本社。
山之内靖 一九九九『日本の社会科学とヴェーバー体験』筑摩書房。
山本七平 一九八三『現人神の創作者たち』文藝春秋。
山本夏彦 一九九九『誰か「戦前」を知らないか——夏彦迷惑問答』文藝春秋（文春新書）。
養老孟司 一九九二『カミとヒトの解剖学』法藏館。
—— 二〇〇五『無思想の発見』筑摩書房（ちくま新書）。

養老孟司・齋藤磐根 一九九二『脳と墓Ⅰ ヒトはなぜ埋葬するのか』弘文堂（叢書・死の文化）。
吉川幸次郎 一九七三「徂徠学案」、『日本思想大系』第三六巻、岩波書店。
―― 一九七四「民族主義者としての徂徠」、『世界』第三三八号（一九七四年一月）。
―― 一九七五「日本的思想家としての徂徠」、『世界』第三五〇号（一九七五年一月）。
吉本隆明 一九六二『擬制の終焉』現代思潮社。
―― 一九六三→一九六九『丸山真男論』、『吉本隆明全著作集』第一二巻、勁草書房。
米谷匡史 一九九四「丸山真男の日本批判」、『現代思想』第二二巻第一号（一九九四年一月）。
―― 一九九七「丸山真男と戦後日本――戦後民主主義の〈始まり〉をめぐって」、『情況』第二期第八巻第一号（一九九七年一月）。
渡辺浩 一九八五『近世日本社会と宋学』東京大学出版会。

あとがき

本書は、二〇〇五年から二〇〇七年にかけて執筆した未発表の論文「丸山眞男の哲学」をもとにしている。同論文の一部は二〇一一年に博士論文として名古屋大学に提出したが、今回改めて編集・加筆し、タイトルを改めた。

執筆にあたっては、佐々木重洋先生、中村生雄先生、加藤典洋先生、橋爪大三郎先生に様々なご指導をいただいた。また、互盛央さんが手を差しのべてくださらなかったら、この原稿が日の目を見ることはなかっただろう。編集者であり学者である互さんのご指導によって、本書をようやく完成させることができた。これらの皆様がたに、心より感謝を申しあげたい。

なお、本書の第二章は「丸山眞男と『近代の超克』」というタイトルで岩波書店の『思想』第一〇三九号（二〇一〇年十一月）に発表し、第七章は東京工業大学の研究報告書『日本プレ近代思想の系譜学・発展的研究』（二〇〇八年十一月）に「丸山眞男と『開国』」として掲載したものである。

二〇一六年初夏

筆　者

丸《まる》山《やま》眞《まさ》男《お》の敗《はい》北《ぼく》

二〇一六年八月一〇日第一刷発行

著者　伊《い》東《とう》祐《ゆう》吏《じ》

発行者　鈴木 哲

発行所　株式会社 講談社

東京都文京区音羽二丁目一二―二一 〒一一二―八〇〇一

電話（編集）〇三―三九四五―四九六三
（販売）〇三―五三九五―四四一五
（業務）〇三―五三九五―三六一五

装幀者　奥定泰之

本文データ制作　講談社デジタル製作

本文印刷　信毎書籍印刷 株式会社

カバー・表紙印刷　半七写真印刷工業 株式会社

製本所　大口製本印刷 株式会社

ISBN978-4-06-258632-0 Printed in Japan

N.D.C.311 265p 19cm

講談社選書メチエ　刊行の辞

書物からまったく離れて生きるのはむずかしいことです。百年ばかり昔、アンドレ・ジッドは自分にむかって「すべての書物を捨てるべし」と命じながら、パリからアフリカへ旅立ちました。旅の荷は軽くなかったようです。ひそかに書物をたずさえていたからでした。ジッドのように意地を張らず、書物とともに世界を旅して、いらなくなったら捨てていけばいいのではないでしょうか。

現代は、星の数ほどにも本の書き手が見あたります。読み手と書き手がこれほど近づきあっている時代はありません。きのうの読者が、一夜あければ著者となって、あらたな読者にめぐりあう。その読者のなかから、またあらたな著者が生まれるのです。この循環の過程で読書の質も変わっていきます。人は書き手になることで熟練の読み手になるものです。

選書メチエはこのような時代にふさわしい書物の刊行をめざしています。

フランス語でメチエは、経験によって身につく技術のことをいいます。道具を駆使しておこなう仕事のことでもあります。また、生活と直接に結びついた専門的な技能を指すこともあります。

いま地球の環境はますます複雑な変化を見せ、予測困難な状況が刻々あらわれています。

そのなかで、読者それぞれの「メチエ」を活かす一助として、本選書が役立つことを願っています。

一九九四年二月　　野間佐和子

「民都」大阪対「帝都」東京　原　武史
日本陸軍と中国　戸部良一
関東軍　中山隆志
文明史のなかの明治憲法　瀧井一博
満鉄全史　加藤聖文
日本軍のインテリジェンス　小谷　賢
日中戦争下の日本　井上寿一
近代日本の右翼思想　片山杜秀
浜口雄幸と永田鉄山　川田　稔
洋服・散髪・脱刀　刑部芳則
満州事変と政党政治　川田　稔
日米同盟はいかに作られたか　吉次公介
戦前昭和の国家構想　井上寿一
卒業式の歴史学　有本真紀
フィリピンBC級戦犯裁判　永井　均
日独伊三国同盟の起源　石田　憲
町村合併から生まれた日本近代　松沢裕作

日本の戦争と宗教　1899-1945　小川原正道
満蒙　麻田雅文
〈階級〉の日本近代史　坂野潤治
原敬（上・下）　伊藤之雄
民俗学・台湾・国際連盟　佐谷眞木人
ある豪農一家の近代　家近良樹
終戦後史　1945-1955　井上寿一
〈お受験〉の歴史学　小針　誠
福沢諭吉の朝鮮　月脚達彦
帝国議会　村瀬信一

MÉTIER

講談社選書メチエ　哲学・思想Ⅱ

MÉTIER

近代性の構造　今村仁司
身体の零度　三浦雅士
人類最古の哲学　カイエ・ソバージュⅠ　中沢新一
熊から王へ　カイエ・ソバージュⅡ　中沢新一
愛と経済のロゴス　カイエ・ソバージュⅢ　中沢新一
神の発明　カイエ・ソバージュⅣ　中沢新一
対称性人類学　カイエ・ソバージュⅤ　中沢新一
近代日本の陽明学　小島　毅
未完のレーニン　白井　聡
経済倫理＝あなたは、なに主義？　橋本　努
ヨーガの思想　山下博司
パロール・ドネ　C・レヴィ＝ストロース　中沢新一訳
儒教と中国　渡邉義浩
昭和の思想　植村和秀
三人称の哲学　R・エスポジト　岡田温司監訳
治癒の現象学　村上靖彦
近代日本のナショナリズム　大澤真幸

中国が読んだ現代思想　王　前
意識は実在しない　河野哲也
ひとは生命をどのように理解してきたか　山口裕之
魂と体、脳　西川アサキ
ドイツ観念論　村岡晋一
子供の哲学　檜垣立哉
国家とインターネット　和田伸一郎
弁証法とイロニー　菅原　潤
古代ギリシアの精神　田島正樹
朱子学　木下鉄矢
精読　アレント『全体主義の起源』　牧野雅彦
連続講義　現代日本の四つの危機　齋藤元紀編
ブルデュー　闘う知識人　加藤晴久